KB119396

한국사傳
4

한국사傳

傳

4

무너진 왕실의 화려한 귀환

KBS한국사傳 제작팀

한겨레출판

한국의 역사에서는 수많은 인물들이 명멸해갔다. 굵은 선을 그으며 현재까지 그 이름이 널리 기억되는 인물이 있는가 하면, 역사에 끼친 역할에도 불구하고 이름조차 생소한 경우도 적지 않다. 〈한국사傳〉은 〈역사추리〉, 〈TV조선왕조실록〉, 〈역사스페셜〉 등 그동안 KBS에서 축적한 역사 다큐멘터리 제작 역량을 바탕으로 '인물을 통한 한국사의 재조명'을 시도한 프로그램이다. 역사적 상황에 대한 인물의 삶과 대응 양상을 보여주면서 과거와 현재의 대화를 시도했다. 〈한국사傳〉은 역사 인물의 재발굴과 재해석을 통하여 그들의 삶이 지닌 의미를 풀어보았다. 국사 책에서 이름 정도는 들어본 인물은 물론이고 무명의 인물도 등장시켜 우리 역사를 장식한 다양한 이들의 고민과 현실대응 양상 등을 조명했다.

필자는 〈한국사傳〉의 기획 단계부터 참여한 만큼 무엇보다 이 프로그램에 대한 애착이 많다. 또한 역사학자들의 논문이나 저술로 설명할 수 없는 내용을 영상매체로 쉽게 전달할 수 있게 한 프로그램 연출자와 작가들이 역사의 대중화에 기여한 바를 누구보다 잘 알고 있다. 따라서 무엇보다 〈한국사傳〉을 활자화한 이 책이 역사 전공자와 방송 관계자 간에 서로 호흡할 수 있는 가교가 되기를 기대한다.

오랜 역사만큼이나 각 시대에 다양하게 배출된 인물들의 삶과 고민은 단순한 과거로 끝나지 않는다. 현재에도 되살아나 우리시대 문제를 해결하는 방향타가 되기도 한다. 이 책을 통해 독자 여러분이 한국사에 '무한 관심'을 지니게 되었으면 한다.

건국대학교 사학과 교수
신병주

역사를 뒤흔든
'개인'들의 리얼 드라마

도대체 사람 이야기는 왜 재미있을까?

사람의 이야기에 무슨 큰 의미가 있기에 모든 드라마와 연극, 영화는 그 사람들이 주고받는 대사만으로도 작품을 메워나갈 수 있는 것일까? 세상에는 대사 없이 살아가는 동물은 얼마나 많으며, 주고받는 대사 없이 벌어지는 현상은 얼마나 많은가? 주고받는 대사도 없이 쓰나미는 일어나 사람을 죽이고, 대사도 없이 꽃들은 자란다. 그럼에도 왜 우리는 지독히도 사람들의 대사에만 집중하는 것일까? 그건 아마도 다른 사람들의 삶과 생각과 대응방식을 보면서, 그 속에서 자신에게 유익한 무언가를 무의식중에 찾고 있는 것일지도 모른다. 실제 일어나지도 않은 허구의 드라마를 보면서 그 허구 속에서 인간의 진실을 찾아나가고 있는 것이다. 드라마는 자신을 비춰보는 거울인 셈이다. 그러나 그 거울은 진실한 거울일까?

그래서 출발한 것이 역사프로그램 〈한국사傳〉이다. 왜 많은 사람들이 작가의 손끝에서 나오는 허구의 사건에 자신을 비춰보려 하는 것일까? 허구가 아닌 실제의 이야기는 많다. 그 진짜 사건들 중에 중요하지 않거나 재미없는 이야기들이 시간의 흐름과 더불어 하나둘 사라지고 마지막까지 남은 것, 그것이 바로 역사인 것이다.

전통적인 역사서는 보통 기전체(紀傳體)로 구성된다. 기전체의 기(紀)는 황제나 왕, 국가의 이야기다. 즉 사람의 이야기라기보다는 시스템의 이야기다. 전(傳)은 보통 열전이라고 부르는 것으로, 바로 역사 속 사람들의 이야기이다. 그 속에는 진짜 사람들의 삶과 죽음, 성공과 실패, 사랑과 증오까지 기록되어 있다. 그들의 삶은 드라마로 가득 차 있다. 그런데 그 드라마는 허구가 아닌 실제다. 그들이 살인을 했을 때 그 살인은 정말 일어난 사건이었으며, 그들이 사랑을 했을 때 그 사랑은 지구상에 정말 존재했던 사랑인 것이다. 게다가 역사 속의 개인들은 단순한 개인들이 아니다. 그들은 의미 있는 족적을 남기고 사라져간 개인들이며, 그들이 선택한 길은 역사를 뒤흔든 길이었다.

그들의 삶을 유심히 보면 인간과 역사의 길이 함께 보인다. 역사는 왜곡되지 않은 거울이다. 동양의 역사가들은 역사가 감계(鑑戒)기능을 한다고 말했다. 역사에 비춰보고 경계할 수 있도록 한다는 뜻이다. 그래서 역사는 부끄러운 치부마저 그대로 기록해야 한다고 믿었고 실제로 그렇게 했다. 그만큼 역사는 리얼하다. 〈한국사傳〉은 시스

템 이야기인 기(紀)를 잠시 접어두고 리얼 휴먼스토리로 가득한 전 (傳)에 주목하고자 했다.

KBS 역사프로그램은 줄곧 "역사의 대중화"라는 화두를 안고 왔다. 역사가 일부학자나 지식계층의 전유물로 남아 있어서는 안 된다는 생각이었다. 그런 이유로 때로는 역사를 이야기하는 방식에서 학자들과 대립하기도 했다. 많은 학자들은 KBS가 엄정성을 잃고 복잡한 사안을 지나치게 단순화했다고 비판하기도 하고, 일부에서는 역사프로그램이 역사를 전달하는 하나의 방식으로서 의미가 있다고 긍정적으로 평가하기도 했다. 역사가 진정 가치 있는 것이라면 대중과 나누어야 한다는 것이 제작진의 생각이다. 지금까지 대중과 나누기 위해서 KBS는 수많은 시도를 해왔고 앞으로도 할 것이다.

〈한국사傳〉 역시 역사를 좀 더 쉽고 재미있게 대중에게 전달하려는 시도의 하나이다.

처음에는 타이틀이 이상하다는 사람들이 많았다. 傳이라는 한자가 주는 익숙지 않은 분위기와, 한글로 적었을 때 느껴지는 뜻의 모호함 때문일 것이다. 그런데도 그 모호함을 굳이 끌고 가기로 한 것은 역사는 고리타분하다는 선입관을 지우고, 산뜻하고 새롭게 역사이야기를 하고 싶었기 때문이다.

〈한국사傳〉은 기전체 역사서의 열전 가운데 한 편이기도 하고 '홍길동傳' 처럼 어떤 옛 사람의 이야기이기도 하다. 내용을 쉽게 전달하기 위해 스토리텔링을 중시하고 부분적으로 재연 기법을 사용하고 있지만, 기본전제는 엄정한 사실을 중시하는 다큐멘터리이다. 그래서 재연배우가 등장하지만 그들의 대사는 작가가 임의로 만들어낸 것이 아니라, 사료에 기록된 내용 그대로이다.

〈한국사傳〉은 이전의 역사스페셜, HD역사스페셜, 조선왕조실록, 역사추리, 역사의 라이벌 등 KBS 역사프로그램의 전통을 이어받은 프로그램이다. 본래 역사다큐멘터리는 현장에서의 임의연출이 통하지 않는다. 사전의 철저한 사료조사 없이는 프로그램을 만들 수 없다. 완성도를 높이기 위해서는 오로지 제작자의 개인 시간을 프로그램에 바치는 수밖에 없다. 〈한국사傳〉은 KBS 최고 수준의 프로듀서들이 개인적인 일정까지 포기하고 만든 프로그램이다. 그렇게 할 수 있는 동력은 제작 프로듀서들이 역사프로그램의 가치를 스스로 인정하기 때문이다. 역사는 지나간 과거의 단순한 일이 아니라 현재를 비춰보는 가장 왜곡되지 않은 거울이고, 불확실한 현재에서 미래를 추측할 수 있는 유일한 케이스스터디라는 신념을 가지고 있기 때문이다.

2007년 봄, 〈한국사傳〉을 출범시키기 위해 제작진은 변산반도로 갔다. 주변에 사극 '불멸의 이순신'을 촬영한 세트장이 있고 KBS가 이용할 수 있는 콘도가 있어서였다. 그 콘도에서 프로그램 기획회의를 하고 덤으로 세트장을 사전 답사할 생각이었다. 참가자는 지금은 건국대학교 교수로. 갔지만 당시 규장각에 있던 신병주 교수와 프로듀서 몇 사람, 작가가 전부였다.

봄 바다를 앞에 두고 웃고 떠들었지만 사실 암담했다. 역사를 인물로 풀어보자는 기본전제에는 모두 동의하고 있었지만 과연 성공할 수 있을까? 사회자를 두 사람의 남자 엠시로 하자고 제안하면서도 그것이 과연 효과가 있을지 두려웠다. 한마디 한마디가 조심스러웠고 순간의 판단착오는 곧 시청자의 외면으로 이어질 것 같았다. 그때 나왔던 이야기가 시청자가 이해하기 힘든 사료를 그대로 보여주지 말고, 대신 사료에 나오는 대사를 재연해서 제공하자는 것이었다. 역사프로그램이지만 현대적 감각의 화면연출을 하자고 했다. 어렵고 딱딱한 역사프로그램을 시청자의 시각에서 받아들이기 쉽게 만드는 것이 성공의 관건이라고 보았다.

첫 프로그램은 역관 홍순언으로 정했다. 개인의 사소한 일이 역사를 어떻게 움직였는지 보여줄 좋은 소재라고 판단했다. 왕조의 역사, 제왕의 역사뿐 아니라, 역사를 역사 속의 인간의 관점에서 다시 보자는 기획의도와 잘 맞아떨어지는 아이템이었다. 성공적이었다.

그 후 방송이 계속되자 호평이 잇따랐다. 일간신문들은 "다큐멘터리계의 이효리", "지루한 역사다큐 고정관념 깼다", "한 인물 다른 평가 눈에 띄네" 등의 파격적인 머리글로 〈한국사傳〉의 시도를 평가해주었고 이제 책으로 출판되기에 이르렀다. 실제 있었던 역사 속 사람들의 이야기, 의미 있는 사람들의 리얼 드라마를 책으로도 확인할 수 있기를 바랄 뿐이다.

프로그램에 도움을 주신 모든 분들에게 감사드린다. 가장 크게는 시청자에게 감사드리며, 공영방송이 끝까지 역사프로그램에 투자할 수 있도록 시청자들과 독자들께서 관심과 질책을 함께 보내주시기를 부탁드린다.

한국사傳 책임프로듀서
장영주

한국사傳 4

I

1618년, 명(明)이 떠오르는 강자 후금(後金)을 치기로 한다.

임진왜란의 후유증을 채 벗지 못한 조선에 전해진 명의 파병 요청.

광해군은 대명지원군의 총책임자로 강홍립을 파견하며 비밀 지령을 내린다.

"중국 장수의 말을 그대로 따르지 말고, 오직 패하지 않을 방도를 강구하는 데 힘쓰라."

명나라의 뜻을 따르지 않으면서 후금에게 패하지 말라고 한

광해군의 속뜻은 과연 무엇이었을까?

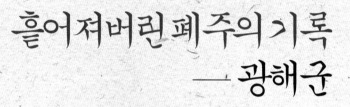

흩어져버린 폐주의 기록
── 광해군

재위 15년 만에 왕위에서 쫓겨난 비운의 군주, 광해군.
그의 죄목은 세 가지였다.

첫째, 동생을 해치고 어머니를 폐했다는 것.

둘째, 가렴주구로 백성을 고통에 빠뜨렸다는 것.

셋째, 오랑캐(후금)에게 정성을 다했다는 것.

그러나 승자의 기록 아래 숨겨진 또 다른 진실이 있었다.

광해군의 시대가 무너지지 않았다면 조선의 운명은 어떻게 되었을까?

태생의 한계를 딛고 지엄한 왕세자로

인조 15년(1637) 1월, 광해군(光海君 · 재위 1608~1623)은 제주도 유배지에서 남은 생을 보내고 있었다. 패륜 군주로 몰려 인조(仁祖 · 재위 1623~1649)에게 왕위를 빼앗긴 처지였다.

그러나 이 무렵 인조는 청 태종 앞에 머리를 조아리고 있었다. 조선 국왕이 청나라 황제 앞에 나와 세 번 절하고 아홉 번 머리를 숙인

광해군은 18년의 유배생활 중 마지막 3년을 제주도에 위리안치되어 지냈다.

수치스러운 사건[三拜九敲頭禮]. 인조의 굴복은 조선 역사에서 가장 치욕적인 일이었다. 광해군의 비극과 함께 조선의 비극도 시작된 것이다. 광해군이 쫓겨나지 않았다면 조선의 역사는 어떻게 달라졌을까?

광해군은 반정세력의 쿠데타로 왕위에서 쫓겨나 유배지에서 생을 마감한 불운한 왕이다. 죽은 후에도 '폭군'으로 낙인찍힌 채 임금이 받는 칭호조차 받지 못했다. '쫓겨난 패륜 군주'라는 것이 지금까지 광해군에게 내려진 역사의 냉혹한 평가였다.

그런데 광해군이 폐위되기까지의 과정을 자세히 들여다보면 이러한 평가 뒤에는 다분히 정치적인 의도가 숨어 있다는 것을 알 수 있다. 다시 말해서, 광해군을 폐륜 군주로 몰아세울 수밖에 없었던 정치 상황이 벌어지고 있었다는 뜻이다. 그렇다면 광해군은 과연 어떤 왕이었을까?

선조 41년(1608), 아버지 선조에게 아침 문안을 드리러 온 광해군은 뜻밖의 말을 듣는다.

어째서 세자의 문안이라고 이르느냐.
너는 임시로 봉한 것이니 다시는 여기에 오지 말라.

—《연려실기술》제18권 선조조 고사본말

다시는 찾아오지 말라는 아버지의 명령에 광해군은 그 자리에서 피를 쏟으며 충격을 감추지 못한다. 선조는 왜 광해군의 문안을 거부했던 것일까?

선조의 오랜 고민은 왕위를 이을 적자가 없다는 것이었다. 13명의 아들을 두었지만, 모두 후궁에게서 얻은 아들이었다. 이들 중에서 선조가 눈여겨본 아들은 어려서부터 총명했던 광해군이었다.

어린 시절 광해군이 남달랐음을 알리는 일화는 많이 전해지고 있다. 하루는 선조와 의인왕후(懿仁王后·1555~1600)가 왕자들을 불러놓고 "어느 음식이 가장 맛있느냐" 하고 물었는데 다른 왕자들은 저마다 좋은 음식을 댄 반면에 광해군은 '소금'이라고 답했다고 한다. 선조가 그 이유를 묻자 "소금은 값이 싸지만 아무리 산해진미라도 소금이 빠지면 맛을 낼 수가 없으므로" 그렇다고 대답했다. 이어서 임금이 "너희들이 부족하게 여기는 것이 무엇이냐?"라고 묻자 광해군은 "모친이 일찍 돌아가신 것을 마음 아프게 생각합니다"라고 답했다고 《연려실기술》은 전한다.

또 한번은 선조가 보물들을 내놓고 왕자들에게 하나씩 고르라고 했다. 저마다 다투며 서로 좋은 것을 집어가는데, 광해군은 조용히 앉아 모두 물건을 집고 물러가길 기다리다가 일어나서 붓 한 자루를 집어 선조를 놀라게 했다는 일화도 있다.

이처럼 단연 다른 왕자들보다 빼어났던 광해군은 어려서부터 주위 사람들과 선왕의 총애를 받았다. 그런데 선조가 갑자기 태도를 바꾼 것이다. 선조는 더 이상 광해군의 문안인사조차 받지 않으며, 광해군을 외면하기 시작했다. 선조와 광해군 둘 사이에 무슨 일이 일어난 것일까?

부자간에 갈등이 시작된 것은 임진왜란(壬辰倭亂·1592~1598)이 일어나면서부터다. 선조 25년(1592), 왜군은 파죽지세로 조선을 공격해 들어오고 있었다. 조정은 특단의 조치를 내려야 했다. 왕의 앞날이

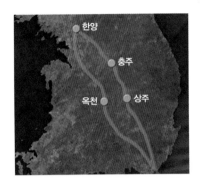

조선은 도요토미 히데요시(豊臣秀吉)를 앞세운 왜군의 두 차례 침략으로 큰 혼란에 빠졌다.

선조의 피난길 여정.

어떻게 될지 모르는 위급한 상황에서 신하들은 선조에게 서둘러 왕세자를 책봉하고 피난길에 오를 것을 청했다.

이에 선조는 광해군을 왕세자로 책봉하고 그에게 국왕의 권한 일부를 떼어준다. 이른바 분조(分朝), 조정을 둘로 나누어 절반은 왕세자에게 통치를 맡기는 것이다. 선조가 피난 가 있는 상태에서 전쟁 전체를 지휘하는 것은 불가능했으므로, 당시 세자였던 광해군이 아래 지역으로 내려가서 신료들을 총괄 지휘하는 책임을 맡게 되었다.

4월, 왜군이 충청도까지 북상했다는 소식이 들려오자 선조는 마침내 피난길에 나선다. 궁궐을 지키던 호위군사들마저 도망쳤고 100여 명의 문무대신들만이 선조의 피난길을 따랐다. 한양을 빠져나온 선조는 평양을 거쳐 의주까지 들어갔다. 그리고 최악의 경우 압록강을 건너 요동으로 넘어갈 생각까지 하고 있었다. 임금의 피난 소식에 백성들은 분노를 터뜨렸다. 밖으로 쏟아져 나온 사람들은 곳곳에서 약탈을 하고 궁궐에 불을 질렀다.

수령이 모두 도망한 상태에서 난민이 벌떼처럼 일어나 관고(官庫)를 때려 부쉈습니다. ―《선조수정실록》 선조 25년 12월 1일, 성혼의 편의 시무

이때 악화된 민심을 진정시킨 것은 바로 광해군이었다. 선조가 의주에서 피난하는 동안, 광해군은 분조를 이끌고 이천까지 내려가 지방 각지를 돌아다니며 백성들을 달래고 의병들의 전투를 격려하는 등 항전활동에 앞장섰다.

광해군 휘하의 군사들은 죽음을 무릅쓰고 적과 맞서 싸웠으며, 왜군의 진격을 가로막는 데 성공했다. 광해군은 의병들에게도 관군과 마찬가지로 군량을 보급하고 면세 혜택을 내리는 등 지원을 아끼지 않았다. 또한 전국의 의병을 조직적으로 지휘함으로써, 조선의 교통로를 확보하고 왜군의 보급로는 차단하는 성과를 거뒀다.

적도들이 무너졌고 승세를 타고 추격하였다. —《선조실록》 선조 25년 9월 15일

많은 의병들이 광해군의 항전활동을 적극적으로 도왔다. 특히 호남 최초의 의병장인 김천일(金千鎰·1537~1593)은 광해군의 명령을 각지의 의병장에게 전달하는 메신저 역할을 하며 광해군과 긴밀한 관계를 유지했다. 강화도를 점령하여 강화도에서 의주로 가는 통신망, 또 의주에서 충청도, 경기도, 전라도로 오는 통신망을 확보한 김천일에 의해 조정의 명이 지방 각지로 원활하게 전달되자 광해군은 더욱 효율적으로 전투에 임할 수 있었다.

김천일의 영정. 전남 나주의 정렬사에 모셔져 있다.

의병장 김천일이 남긴 《건재문집健齋文集》에는 광해군이 내린 당부의 글이 실려 있다. 분조를 이

끌면서 내린 유서(諭書), 일종의 지시문이다.

> 종사의 존망이 오직 그대들이 적을 죽이는 것에 달려있으니 나라를 살리고
> 백성을 구해 부디 큰 공을 세워주길 바란다. ─《건재문집》

광해군은 김천일과 같은 의병들의 공을 높이 사며, 그들의 항전의 지를 북돋웠다. 또 김천일에게는 방어사(防禦使)라는 직책을 내려 군사요충지의 방어를 담당케 했다. 한명기 명지대 사학과 교수는 "선조가 피난을 염두에 두고 전쟁 극복에 별다른 역할을 못한 데 비해, 광해군은 분조 활동을 기대 이상으로 잘 해냈다. 그것은 첩자이자 차자로서 태생적인 한계가 있었던 광해군이 이후 백성들이나 관료들의 인정을 받는 데 매우 중요한 밑바탕이 되었다"고 평가한다.

끝내 회복하지 못한 부자관계

그런데 전쟁이 끝난 후, 상황은 예기지 못한 방향으로 흘러가기 시작했다. 전쟁을 치르는 동안 보여준 광해군의 리더십이 명나라에까지 알려진 것이다. 급기야 명에서는 광해군에게 전라도와 경상도 지방의 방어를 담당케 하라는 칙서를 보내온다. 뿐만 아니라 선조의 무능함을 노골적으로 언급하며, 광해군에게 아버지의 실패를 만회하라는 주문까지 내린다.

부왕의 실패를 만회하여 종사가 보존되도록 하라. —《선조실록》선조 28년 3월 27일

선조로서는 흘려 들을 수 없는 말이었다. 선조와 광해군은 더 이상 예전의 부자지간이 아니었다.

선조 39년(1606), 전쟁이 끝난 지 8년째 되던 해에 선조는 그토록 바라던 적자(嫡子)를 얻었다. 아들 광해군보다 무려 아홉 살이나 어린 계비(繼妃)를 맞아 영창대군(永昌大君·1606~1614)을 얻은 것이다. 선조는 자신이 서자 출신이라는 콤플렉스 때문에 적자를 얻고자 하는 욕구가 매우 컸다. 그는 죽기 전 신하들에게 영창대군의 안위를 부탁할 정도로 어린 아들을 향한 절실한 마음을 드러낸다.

대군이 어린데 미처 장성하는 것은 보지 못하게 되었으니 이 때문에 걱정 스러운 것이다. …… 감히 이를 부탁한다.

—《광해군일기》광해군 즉위년 2월 2일, 선조의 유교(遺敎) 중

인목왕후(仁穆王后·1584~1632)와 영창대군의 등장으로 광해군은 궁지에 몰리고 있었다. 광해군은 임진왜란이라는 급박한 상황에서 '임시로' 세자에 책봉된 것이고, 전쟁이 끝난 후에는 선조의 태도도 완전히 달라져 있었다. 이런 상황에서 적자가 태어났으니 불안할 수밖에 없었다. 선조의 마음을 읽은 신하들조차 영창대군의 지지세력이 되어 광해군을 위협하기 시작했다.

그런데 선조 41년(1608) 2월 1일, 급작스런 선조의 죽음으로 조선 왕조에 새로운 바람이 불어닥친다. 이날 선조의 점심상에는 찹쌀밥

이 올랐다. 불과 몇 시간 전, 약방의 문안을 받았을 때만 해도 선조는 편히 잘 잤다는 말을 전했다. 그런데 찹쌀밥을 먹자마자 심각한 증세를 보이기 시작했다.

> 찹쌀밥을 진어했는데 상이 갑자기 기가 막히는 병이 발생하여 위급한 상태가 되었다. —《광해군일기》광해군 즉위년 2월 1일

갑작스러운 선조의 죽음에 조정은 당황했다. 당시 신하들 대다수는 영창대군의 즉위를 지지하며 광해군과 대립했지만, 영창대군이 아직 어렸으므로 왕위에 오른 것은 광해군이었다.

전쟁의 상흔을 감싸는 개혁 군주의 결단

우여곡절 끝에 임금이 된 광해군 앞에는 해결해야 할 과제들이 적지 않았다. 신병주 건국대 사학과 교수는 갑작스레 왕위에 오르게 된 광해군이 임진왜란이라는 엄청난 국가적 위기를 극복하고 새로운 조선 사회를 재건하는 데 통치 방향을 맞췄을 것이라고 분석한다.

즉위 초 광해군이 가장 고심했던 것은 바로 피폐해진 민생을 복구하는 일이었다. 먼저 조세 제도의 시정에 나섰다. 이를 위해 실시한 것이 대동법(大同法)이다. 백성들이 이를 잊지 않기 위해 기념비를 세웠을 정도로 대동법은 큰 환영을 받았다. 공물로 특산품을 바치는 대

대동법 시행의 성과를 기리기 위하여 1659년에 건립된 대동법시행기념비. '대동군역만세불망비'라고 새겨져 있다. 경기도 평택 소재, 경기도유형문화재 제40호.

신 쌀과 포를 내게 한다는 것이 대동법의 내용이었다.

공물을 쌀로 내게 한 것은 방납(防納)의 폐해를 줄이기 위해서였다. 당시 방납인들은 특산품을 조달해주고 그 대가로 막대한 이익을 챙기고 있었다. 광해군은 대동미의 출납을 담당하는 관청으로 선혜청(宣惠廳)을 설치하는데, 이는 전교에 '선혜'라는 말을 쓴 데서 비롯된 것이다.

그러나 대동법 시행은 이내 벽에 부딪혔다. 양반 지주들의 비방이 들끓었고, 방납인들의 항의도 계속됐다. 심지어 선혜청이 혁파됐다는 괴소문까지 나돌았다. 소유한 땅의 넓이만큼 쌀을 내야 하는 대동법은 지주들에게 큰 위협이 된 것이다.

(대동법을) 싫어하는 무리들의 떼 지은 비방과 논의가 들끓었다. 방납하던
모리배들은 (이 법을) 다들 원수처럼 생각했다. 민간에서는 선혜청이 이미
혁파됐다고 시끄럽게 전파됐다. ─《광해군일기》 광해군 2년 2월 5일

지배계층의 반발은 더욱 거셌다. 광해군은 결국 경기도 지역에서
만 대동법을 유지하고, 다른 지역으로 확대 실시하지는 못했다. 많은
땅을 가진 양반 지주들의 부담은 매우 커지는 반면, 가난한 농민들의
부담은 훨씬 적어지는 제도이기 때문에 당시 정계의 핵심에 있었던
양반 지주들의 반대가 심할 수밖에 없었다.

이후에도 광해군의 개혁의지는 번번이 좌절되었다. 조정의 신하들
은 집권층의 이익에 반하는 광해군의 개혁정책들을 받아들일 수 없
었다. 신하들의 지지를 얻지 못하고 왕위에 오른 광해군으로서는 더
욱 실권을 행사할 수 없는 상황이었다. 광해군의 유일한 지지기반은
실천적인 학풍의 북인 세력들이었다. 이들은 임진왜란 때 의병 활동
으로 광해군의 조력자가 되었던 인물들이다.

광해군의 절대적인 신임을 받은 의병장 정인홍(鄭仁弘 · 1535~1623)
을 비롯한 북인(北人) 중 일부가 정계로 돌아와 광해군의 지원군으로
나섰다. 이들이 소위 대북파(大北派)였다. 하지만 대북파가 정계에서
차지하는 비중은 너무나 작았고, 광해군은 소수의 지원군을 바탕으
로 정치를 시작해야 하는 곤란한 사정을 맞이하게 되었다.

역모에 이어지는 숙청의 칼날

광해군 5년(1613), 문경 조령에서 은(銀) 장수가 살해당하는 사건이
발생한다. 사건의 주모자들은 벼슬길에서 밀려난 양반가의 서얼들이
었다. 그런데 범인을 문초하는 과정에서 영창대군을 왕으로 추대하
려는 역모를 꾸미고 있었다는 사실이 밝혀진다. 조정에는 일대 파란
이 일었다. 대북파 신료들은 영창대군이 화의 근본이라고 주장하며
사사할 것을 청했다. 신하들의 상소는 여덟 달이 넘도록 계속됐지만,
광해군은 허락하지 않았다.

　인천 강화읍에는 '살창이 마을'이 있다. 강화문화원의 유중현 연구
위원은 "전하는 말씀에 의하면 당시 대신들의 사주를 받은 강화부사
정항(鄭沆)이 초가집 문을 닫아걸고 온돌방에 불을 많이 지피자, 영창
대군이 '너무 뜨거워서 돌아가셨다(蒸死)'고 한다. 그래서 '죽일 살
(殺)'자에 영창대군의 '창(昌)'자를 붙여서 '살창이'라고 전해지고
있다"고 유래를 설명한다. 광해군 6년(1614), 강화도에 위리안치되어
있던 영창대군은 결국 죽음을 맞았다.

> 음식물을 넣어주지 않고 침상에 불을 때서 눕지 못하게 하였다. 의(영창대
> 군)가 창살을 부여잡고 서서 밤낮으로 울부짖다가 기력이 다하여 죽었다.
>
> ─《광해군일기》광해군 6년 2월 10일

　그러나 역모사건은 영창대군의 죽음만으로 진정되지 않았다. 당시
역모의 주동자로 몰렸던 것은 인목대비의 아버지 김제남(金悌南·

인천 강화읍 관청리 견자산 밑에 자리한 '살채이(살창이)' 마을과 살창이1길 푯말.

1562~1613)이었다. 대북파는 김제남의 처형을 주장했고, 결국 김제남은 죽임을 당했다. 뿐만 아니라 김제남의 측근들, 즉 대북파의 반대세력인 서인과 남인들이 대거 처벌당했다. 광해군의 왕통에 가장 큰 걸림돌이 되었던 영창대군 세력이 이 일을 빌미로 모두 제거된 셈이다. 바야흐로 북인, 특히 대북세력이 중심이 된 대북 독주가 시작되었다.

역모사건이 확대되면서 급기야 인목대비 폐모론까지 제기되었다. 대북파의 주장은, 인목대비도 역모에 연루되었으므로 더 이상 국모로서 대우할 수 없다는 것이었다. 또 인목대비가 죄를 지어 광해군과 모자관계가 끊어졌으므로 더 이상 같은 궁궐에 거처할 수 없다고 주장했다. 인목대비는 결국 서궁(西宮, 경운궁)에 유폐되었다. 뿐만 아니라 이미 사사되어 땅에 묻힌 인목대비의 친정아버지 김제남은 다시 파헤쳐져 부관참시되고, 그의 세 아들까지 죽임을 당하는 화를 입게 된다.

이후에도 신하들은 만족하지 않고 인목대비의 폐위를 끊임없이 요

임진왜란 후 피난에서 돌아온 선조가 임시 처소[時御所]로 사용한 덕수궁의 즉조당(卽阼堂). 광해군과 인조가
이곳에서 즉위하는데, 바로 인목대비가 유폐되어 기거한 '서궁'이다.

청했다. 그러나 광해군은 더 이상 이들의 말을 듣지 않았다.

> 내 운명이 기박해서 여러 차례나 망측한 변을 당하고 보니 괴롭고 한스럽
> 기만 하여 곧장 귀를 막고 멀리 떠나고 싶을 따름이다. 이 어찌 내가 들을
> 이야기인가. 다시는 말하지 말라. —《광해군일기》 광해군 10년 1월 2일

명분이냐, 실리냐

개혁을 위해 손잡았던 소수의 대북파는 차츰 세력을 키워 어느새 왕
권을 위협하는 정치세력으로 성장하고 있었다. 급기야 이들은 광해
군의 의중을 좌지우지할 정도로 영향력이 막강해졌고, 광해군은 대
북파와 더 이상 타협할 수 없는 지점까지 몰렸다. 그 후 광해군과 대

누르하치가 후금을 건국한 중국 라오닝성 신빈만주족자치현(新族自治). 누르하치의 성이 남아 있다.

북파가 영원히 화합할 수 없는 계기가 되는 일이 터진다.

광해군 10년(1618), 조정의 논의가 뜨거웠다. 명이 후금(청나라)과의 전투를 위해 조선에 군대를 요청한 것이다. 광해군은 "훈련되지 않은 군사를 적의 소굴로 몰아넣는 것은 마치 양떼로 호랑이를 공격하는 것과 같다"며 조선 군대를 보낼 수는 없다고 주장했다. 그러나 신하들은 나라가 망하는 한이 있어도 군대를 보내야만 한다고 맞섰다. 신하들이 내세운 명분은 임진왜란 때 조선을 도운 명에 은혜를 갚아야 한다는 것이었다.

> 망극한 은혜가 있으니 차라리 나라가 망할지언정 보내지 않을 수 없습니다. ―《광해군일기》광해군 10년 5월 5일, 임연의 발언

> 중국 조정이 우리나라를 임진년 이후로 구원해준 은혜야말로 머리카락을 뽑아 짚신을 삼는다 하더라도 그 만 분의 일도 갚기에 부족할 것입니다.
>
> ―《광해군일기》광해군 10년 5월 5일, 윤휘의 발언

17세기 초, 후금은 명을 위협하며 중원의 새로운 강자로 떠오르고 있었다. 명은 무리하게 후금을 칠 계획을 세웠고, 이 때문에 조선 조정에 군사를 요청하며 압박하게 된 것이다. 그러나 조선이 명의 요청에 따라 파병한다면 급부상하고 있는 누르하치(奴爾哈赤 · 1559~

1619년, 조선과 명의 연합군은 심하에서 후금과 전투를 벌여 크게 패하고, 강홍립은 누르하치에게 자진하여 항복한다.

1626)의 원한을 사게 될 것이 분명했다. 누르하치의 침략을 받게 될 경우 겨우 회복하고 있던 전쟁의 후유증은 악화되고 왕권 강화를 위한 일련의 시책들이 근본적으로 방해받을 것이라 판단한 광해군은 가능하면 명의 요구를 거부하려고 끝까지 애를 썼다.

그러나 파병 논쟁은 신하들의 승리로 끝났다. 광해군 11년(1619), 조선군 병사 1만여 명은 결국 명과 연합해 후금과 전투를 벌이지만, 압록강을 건넌 지 불과 보름 만에 기마병으로 무장한 후금에게 대패했다. 그리고 조선군의 사령관이었던 강홍립(姜弘立 · 1560~1627)은 후금의 수도로 들어가 누르하치에게 항복한다. 강홍립의 항복 소식은 조정을 발칵 뒤집어놓았다. 신하들은 강홍립을 역적이라 비난하며 그의 가족을 처벌하라고 요구했다.

강홍립, 김경서의 가족을 모조리 잡아 구금하라 명하소서.

—《광해군일기》광해군 11년 4월 2일, 비변사의 청

그러나 광해군은 동요하지 않았다. 무슨 생각을 하고 있었던 것일

《광해군일기》의 "갑옷을 벗고 와서 항복하였다"는 기록.

까? 조선군을 명나라로 보내기 전, 광해군은 도원수 강홍립을 따로 불러 "오직 패하지 않을 방도를 강구하는 데에 힘을 쓰라"고 일렀던 것이다.

오직 패하지 않을 방법을 찾으라는 광해군의 주문. 전세가 몰린 상황에서 강홍립은 후금의 강화제의를 받고, 결국 투항을 선택한다. 당시 강홍립과 함께 참전했던 종사관 이민환(李民寏 · 1573~1649)이 남긴 《자암집紫巖集》에는 포로로 잡혀 있으면서 쓴 일기를 비롯해, 출병에서부터 심하(深河, 사르후) 전투 패전까지의 상세한 기록들이 남아 있다. 강홍립의 투항에 관한 기록도 찾아볼 수 있다.

원한이 없고 지금 출병한 것은 부득이해서이다. ―《자암집》

광해군의 심정을 이해한 강홍립은 후금에게 조선의 부득이한 입장을 전하려 애썼다. 그는 '우리 왕은 당신의 나라와 결코 전쟁을 할 생각이 없다. 명나라의 입장을 생각해서 할 수 없이 참전한 것이며, 우호적인 관계를 원한다' 라는 뜻을 후금에 전달했고, 후금 군대에서도 조선과 화해를 맺는 입장을 취하게 되었다.

중도에서 수색당할 염려가 있을까 두려워하여서 종이(밀계)를 오려서 노끈으로 꼬아 말안장에 얽어 보냈다. ―《연려실기술》 제21권, 폐주 광해군 고사본말

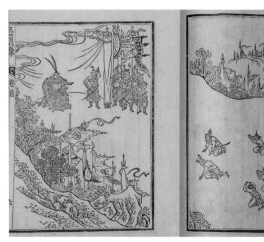

강홍립의
투항 장면을 그린
〈양수투항도〉.

강홍립은 억류된 와중에도 갖은 수단을 동원해 후금 내부의 정보를 광해군에게 올려 보냈고, 이렇게 얻은 정보를 통해 광해군은 후금에 대한 현실적인 전략을 세울 수 있었다. 그러나 대신들의 입장은 달랐다. 광해군 14년(1622) 1월, 패전 이후에도 명은 계속 군대를 요청했고 신하들은 이에 응할 것을 주장했으나 광해군은 듣지 않았다.

> 지금 큰소리를 치는 자들은 군사력은 헤아리지 않고 한갓 무리한 의논만을
> 논하고 있는데 만약 그들과 맞싸우다가 잘못된다면 종사는 어떻게 될 것인
> 가. ―《광해군일기》광해군 14년 1월 1일, 비변사에 전교

광해군을 지지하던 대북파조차 광해군의 외교 태도를 인정할 수 없었다. 신하들은 명나라에 자식 된 도리를 다해야 한다는 한결같은 입장을 고수했다. 광해군은 더 이상 신하들의 명분론을 따를 수 없었다. 광해군이 원했던 것은 명분이 아닌, 조선의 실리를 위한 방책이었다.

광해군이 후금에 취한 정책은 한마디로 '기미책(羈縻策)'이었다. '기미'란 굴레를 씌워 말이나 소를 묶어둔다는 뜻으로, 후금과의 관계를 유지는 하되 견제하면서 직접적인 대응을 피하겠다는 것이었다. 명은 달래고 후금은 자극하지 않는 현실적인 전략으로, 광해군은 양 대국의 틈바구니에서 조선이 살아갈 방도를 찾고 있었다. 당시 조선 사대부들에게 광해군의 이러한 태도는 명에 대한 의리를 저버리는 엄청난 배신 행위였다. 이로 인해 광해군은 결국 돌이킬 수없는 비극을 맞게 된다.

폐주가 된 개혁 군주의 말로

경남 합천군의 해인사(海印寺) 성보박물관에는 광해군 시대의 귀중한 자료 한 점이 보관되어 있다. 광해군이 입었던 의복이다. 은은한 담청 빛에 구름 문양을 새긴 임금의 직령(直領). 광해군이 의대나 관복에 받쳐 입었던 두루마기의 일종이다. 옷은 1965년 해인사 보수공사를 하던 중 발견되었다. 을해년(1575) 생이었던 광해군이 입었던 옷의 안자락에는 국왕의 만수무강을 기원하는 글귀가 새겨져 있다.

乙亥生 朝鮮國王壽萬歲　　　을해생 조선국왕수만세

乙亥生 主上殿下壽萬歲　　　을해생 주상전하수만세

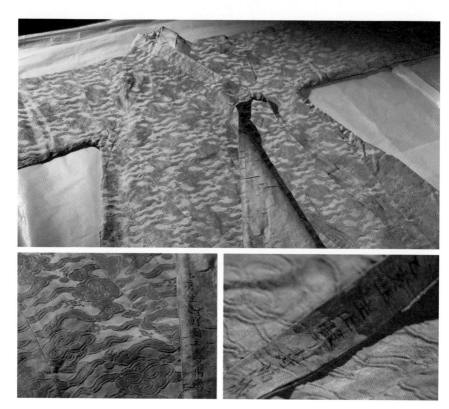
광해군의 만세수를 기원하며 직령에 새긴 글귀가 또렷하다. 중요민속자료 제3호.

　그러나 임금으로서, 광해군의 생애는 그리 길지 못했다. 임금을 몰
아내기 위한 거사가 진행되고 있었다. 광해군 15년(1623), 반란군은
순식간에 창덕궁을 포위했다. 인조반정(仁祖反正)이었다. 광해군은 내
시의 등에 업혀 피신해야 했다. 궁내의 호위 군사들조차 반정에 가담
한 상황이었다. 반정 직후, 인목대비는 광해군에 대한 깊은 원한을
터뜨렸다.

　　먼저 이혼(李琿; 광해군) 부자의 머리를 가져와서 내가 직접 살점을 씹은 뒤
　　에야 책명을 내리겠다. —《광해군일기》 광해군 15년 3월 13일

창의문(자하문). 인조반정 때 인조를 비롯한 반정세력들이 이 문을 부수고 궁 안으로 들어가 반정에 성공했다. 서울 종로구 소재.

어머니를 유폐시키고 동생을 죽였다는 폐모살제(廢母殺弟)의 죄명으로, 광해군은 왕위에서 쫓겨나야 했다. 반정세력은 광해군을 폐위시키고 능양군(綾陽君)을 왕위에 올렸다. 훗날의 인조였다. 반정세력들이 내세운 쿠데타의 명분은 재조지은(再造之恩; 명이 조선을 구하여 도와준 은혜), 조선을 도와준 명의 은혜를 져버리고 후금과 내통한 광해군은 물러나야 한다는 것이었다. 반정에 성공한 인조 정권은 조선의 역사를 어떻게 다시 썼을까? 그들이 내세운 반정의 명분은 지켜졌을까?

창의문 현판에는 반정에 공을 세운 서인(西人)계 인사 53인의 이름이 새겨져 있다. 이들 서인세력은 인조 정권의 핵심세력으로 부상했다. 그러나 명에 은혜를 다해야 한다는 이들의 명분론은 지켜지지 않았다. 인조는 병자호란(丙子胡亂 · 1636~1637)을 겪은 후, 청과 군신관계를 맺기에 이른다. 인조반정이 남긴 것은 결국 조선을 기울게 한 치욕의 역사였다.

인조반정이 성공한 후 광해군과 그를 추종하던 북인들이 정치판에서 대거 제거되면서, 조선의 정치적 실권은 서인에게 돌아가게 되었다. 신병주 교수는 서인이 이끌어간 인조 정권이 정묘호란(丁卯胡亂 · 1627) 이후에도 강경한 노선을 고수하자 후금이 총병력을 동원해서 다시 쳐들어와 마침내 완전히 항복하게 된 것을 보면 광해군의 외교정책이 상당히 현명했음을 알 수 있다고 아쉬움을 표현한다.

창의문 현판에 새겨져 있는 인조반정 공신명단.

병자호란 때 청 태종이 인조의 항복을 받고 자신의 공덕을 자랑하기 위해 세운 삼전도비. 서울 송파구 소재, 사적 제101호.

승자의 입맛에 따라 지우고 고친 역사

광해군은 18년간의 유배생활 중 마지막 3년을 제주도에서 보냈다. 동생 영창대군에게 내려졌던 처벌과 같은 위리안치였다. 외부인의 출입을 막기 위해 집은 온통 가시덤불로 뒤덮여 있었다. 유배 도중 부인과 아들 부부를 모두 잃고, 광해군만이 홀로 살아남았다. 왕세자에서 왕이 되고, 다시 왕위를 빼앗기기까지……. 광해군은 파란만장한 생을 살았다.

그가 말년을 보낸 제주에는 그의 죽음에 얽힌 이야기가 전해진다.

제주시에 있는 광해군의 적소(謫所, 귀양지)터.

"제주도에서는 음력 7월 1일에는 햇빛이 쨍쨍 났다가도 한 번 비가 오는데, 이것을 '대왕이 흘리는 눈물'이라고 말한다. 광해군이 돌아가신 날짜가 7월 1일이기 때문"이라고 송심자 제주민속촌박물관 해설사는 전한다.

그리고 광해군이 폐위된 후, 역사는 승자의 손으로 다시 쓰였다. 《광해군일기》는 '실록(實錄)'이라는 이름도 얻지 못하고 '일기(日記)'로 격하되었다. 다행히 《조선왕조실록》 중 유일하게 중간 기록본이 남아 있어, 완성본이 어떻게 달라졌는지 확인할 수 있다. 숱하게 지우고 고친 흔적들로 가득하다. 승자들은 어떤 역사를 지우고 싶었던 것일까?

한명기 교수는 광해군이 광종, 광해왕 등의 칭호를 받지 못하고 '군(君)'이라는 이름으로 남은 것을 보아 인조반정으로 쫓겨나는 순간 역사적 평가가 정해졌음을 알 수 있다며, 인조반정 공신들은 광해군을 폐주(廢主; 쫓겨난 군주) 혹은 혼군(昏君; 어리석고 제대로 일하지 못한 군주)이라고 불러 이 말들이 광해군을 가리키는 대명사처럼 자리를 잡게 되었다고 설명한다.

광해군은 폐위된 후에도 19년을 더 살았다. 왕위에 있었던 시간보다도 긴 세월이었다. 더 이상 권력도, 정치도 존재하지 않는 텅 빈 제주에서 광해군은 무엇을 생각하고 있었을까?

《광해군일기》는 인쇄되지 못한 정초본(正草本: 鼎足山本)과 중초본(中草本: 太白山本)이 함께 전하는데, 중초본에는 최종적으로 지우고 고친 내용들이 그대로 남아 있어 많은 정보를 간직하고 있다.

가고픈 마음에 봄 풀을 실컷 보았고

나그네 꿈은 제주에서 자주 깨었네.

서울의 친지는 생사 소식조차 끊어지고

안개 낀 강 위의 외로운 배에 누웠네.

— 제주에서 쓴 광해군의 시

인조반정의 주체들이 내세웠던 반정의 명분은 결국 집권을 위한 하나의 구실이었을 뿐, 광해군 폐위의 정당한 명분이 될 수 없었다. 그럼에도 광해군은 여전히 '쫓겨난 임금'이라는 오명을 안은 채 역사의 바른 평가를 받지 못하고 있다.

대륙의 정세가 급변하던 17세기 초. 광해군은 시대의 변화를 앞서 읽었으며, 그 변화 속에서 조선의 살 길을 끊임없이 모색하고 준비했던 선구적인 임금이었다. 승자의 역사가 남기지 않은 광해군에 관한 진실이 바로 우리가 읽어야 할 내용일 것이다.

한국사傳4

2

554년. 백제와 신라의 운명을 건 관산성 전투가 시작됐다.

가야와 왜군까지 동원된 백제 연합군 대 신라의 결전.

성왕은 아들 창이 어려움에 처해 있다는 보고를 듣고 관산성으로 향한다.

그러나 매복해 있던 신라군에 잡혀 죽임을 당한다.

3만 여 명의 병사를 잃고, 참패로 끝난 관산성 전투.

아버지의 시신조차 수습하지 못한 왕자는 3년간 왕위를 물려받지 않는다.

그리고 갑자기 스님이 되겠다는 폭탄선언을 하는데……

그의 본심은 과연 무엇이었을까?

스님이 되려 한 왕
— 전륜성왕의 아들, 창

잊 혀진 왕의 이름은
청동사리함에 새겨져 있었다.
"577년 2월 15일, 백제왕 창이 죽은 왕자를 위해 탑을 세우고
사리 두 알을 묻었는데, 신의 조화로 세 알이 되었다."
그것은 깊은 슬픔과 고뇌를 간직한
왕의 귀환을 알리는 신호였다.

왕의 귀환

창왕(昌王·재위 557~598)은 사비(泗
沘)시대를 이끈 백제 27대 임금이다.
죽어서는 위덕왕(威德王)이라는 시호
를 받았는데, 낯선 이름만큼이나 백
제사의 미스터리로 남아 있었다.

그런데 2007년 10월, 창왕의 미스
터리를 풀어줄 귀한 유물이 발굴됐
다. 부여 왕흥사(王興寺, 577년 건립, 사

백제 왕실의 흔적을 간직하고 있는 부소산성.
백제의 마지막 왕성으로, 백제시대에는 사비성
으로 불렸다.

적 제427호) 터에서 발굴된 1400년 전 사리함이 그것이다. 사리함에는
잃어버린 후기 백제사의 공백을 채워줄 명문(銘文) 기록이 남아 있었
다. 창왕의 슬픔과 고뇌를 고스란히 담은 기록이었다.

부소산성(扶蘇山城, 부여군 소재, 사적 제5호) 너머, 백마강을 거슬러 올
라가면, 백제왕 창의 비밀을 간직해온 왕흥사 터가 나온다. 2000년에
첫 삽을 뜬 발굴현장인 왕흥사지에서는 셀 수 없이 많은 백제 유물이

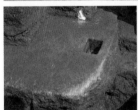

창왕의 사리함이 발굴된 왕흥사지 발
굴현장(위). 사리함이 들어 있었던 심
초석과 사리공의 화강암 뚜껑(아래).

나왔으며, 2007년에 사리함이 출토된 곳은 목탑지이다. 땅 밑의 심초
석(心礎石) 끝단에 홈을 파서 사리공(舍利孔)을 만들고, 화강암 뚜껑으
로 봉인해놓은 독특한 구조였다. 사리함을 발굴한 김용만 부여문화
재연구소 소장은 "뚜껑을 발견했을 때, 내용물이 제대로 남아 있겠다
고 내심 기대는 했지만 이렇게 완벽한 상태로 있으리라고는 생각지
못했다"고 당시의 상황을 설명한다.

굳게 닫힌 화강암 뚜껑을 열었을 때, 사리공에는 진흙물이 가득했
다. 고인 물을 뽑아내자 그 안에는 원형을 완전히 갖춘 원통형 청동
사리함(높이 10.3×지름 7.9센티미터)이 자리하고 있었다. 그것은 놀라
운 발견의 서막에 불과했다. 청동함의 뚜껑을 열자, 그 속엔 은으로
만든 또 하나의 사리병(높이 6.8×지름 4.4센티미터)이 발굴팀의 손길을

왕흥사지 사리함 발굴 장면. ① 화강암 뚜껑을 열자 ②사리공에는 진흙물이 가득했고, ③물을 뽑아내자 청동사리함이 나왔다. ④완전하게 보관된 청동사리함의 모습, ⑤청동사리함의 뚜껑을 열자 맑은 물이 들어 있고, ⑥그 물 속에 은제사리병이 잠겨 있었다. ⑦청동의 녹이 묻은 은제사리병을 꺼내는 모습. ⑧은제사리병의 뚜껑을 열자 황금사리병이 나타난다. ⑨황금사리병을 꺼내자 ⑩은제사리병 안에는 역시 맑은 물이 고여 있었다.

기다리고 있었다. 연이어 나온 세 번째 보물은 작은 황금사리병(높이 4.6×지름 1.5센티미터)이었다. 발굴 당시 금제사리내병과 은제사리외병에는 사리는 없고 정체를 알 수 없는 맑은 물이 고여 있었다. 수습된 왕흥사 사리유물은 곧바로 부여국립문화재연구실로 이송됐다. 유

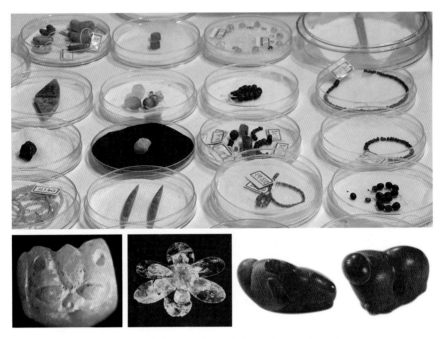

왕흥사지 목탑지의 심초석 주변에서 출토된 왕흥사 사리유물들. 왼쪽부터 고양이 패식, 연꽃무늬 운모 장식, 진묘수형 패식이다.

물의 훼손을 막기 위해서는 보존처리 과정을 거쳐야 하기 때문이다.

목탑지의 심초석 주변에서는 사리함 세트뿐 아니라 여러 모양의 패식과 장식물이 발견되었는데, 세월의 녹을 벗겨내고 보존처리를 거친 왕흥사 사리감 유물은 수천 점에 달했다. 이중 진묘수(鎭墓獸)형 패식은 무령왕릉 무덤방을 지키던 진묘수를 단순화한 모양이었다. 목걸이 형태의 장신구, 귀여운 고양이 모양의 장신구도 눈길을 사로 잡았다. 특히 백제 위덕왕 시대의 초정밀 세공술을 보여주는 연꽃무늬 운모(雲母) 장식은 어디서도 발견된 적이 없는 희귀 유물이다. 운모라는 광물질을 1밀리미터 크기로 깎아서 투명한 연꽃무늬를 만든

사리함과 함께 수습된 구슬류와 황금장식 등 사리공양 유물.

것이다.

미세 공예품은 그뿐만이 아니었다. 사리함과 함께 수습된 구슬 종류만 8천여 점이었는데, 대부분 지름이 1밀리미터 이하의 작은 것으로 그 재료도 다양했다. 호박과 옥 등 갖가지 재료로 펼쳐놓은 사비시대 세공술의 진수는 황금장식에서 절정에 이르렀다. 0.3~1밀리미터 크기의 금 알갱이를 이어 붙여 축구공 모양으로 만든 황금장식은 초정밀 세공술을 보여주는 최고의 명품이었다. 기법과 디자인 면에서 유례가 드문 후기 백제의 독창적인 유물이다.

1400년 만에 세상에 나온 이 유물들은 백제문화에 대한 인식을 단번에 바꿔놓았다. 단절됐다고 알려졌던 무령왕릉의 세련된 백제문화가 왕흥사 사리유물로 화려하게 부활한 것이다. 이한상 대전대 역사문화학과 교수는 왕흥사지에서 출토된 유물들이 무령왕릉 출토품보다 조금 더 발전된 양상이고, 연결되는 형태를 띄고 있기 때문에 사비 백제의 금속 공예가 우리가 생각하는 것 이상으로 발전된 상태였을 것이라고 추정한다.

왕을 불러낸 29자의 사리함 명문

왕흥사지에서 출토된 수천 점의 유물 중에서도 특히 금·은·동 3중 구조로 된 사리함 세트는 백제 사비시대 연구를 한 걸음 나아가게 만든 쾌거였다. 은제사리외병은 1400년 동안 청동함에 들어 있었던 탓인지 청동 녹이 켜켜이 묻어 있었다. 하지만 엑스선 형광분석기로 성분을 측정한 결과, 은의 순도가 99.08퍼센트로 확인됐다. 금제사리내병의 순도 역시 98.67퍼센트였으며, 은제사리외병 속에서 보호받은 덕분에 원형을 완벽하게 유지하고 있었다. 금·은·동 3중 구조의 사리함 세트를 국내에서 이처럼 완벽한 형태로 발견한 것은 처음이었다.

청동사리함에 새겨진 예사롭지 않은 명문 역시 많은 학자들의 주목을 받았다. 그것은 지금까지 어떤 문헌에도 나와 있지 않은 1400년 전의 기록으로, 사리함을 봉안한 주인과 그의 비밀스런 내력을 밝혀주는 역사의 블랙박스였다. 세로로 한 자, 한 자 새긴 다음, 여섯 행으로 구성해놓은 명문은 모두 29자였으나, 그중 몇 글자는 훼손이 심해 육안으로는 판독이 불가능했다.

금속제품은 적외선 판독이 불가능하기 때문에 연속촬영 방식을 선

왕흥사지 출토 청동제사리함과 그 안에서 나온 은제사리외병, 금제사리내병.

택했다. 부여문화재연구소의
명문복원팀은 연속촬영한 29
자의 명문을 먼저 3차원 디지
털 복원 프로그램에 입력했
다. 그런 다음 입력한 명문의
폭과 깊이까지 고려해 한 글
자, 한 글자 복원해나갔다. 그
결과 판독이 불가능했던 글자
가 모두 되살아났다.

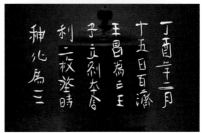

청동사리함에 새겨진 29자의 명문.

　　그렇게 1400년 만에 빛을
본 29자의 명문은 "577년 2월 15일, 백제왕 창이 죽은 왕자를 위해
탑을 세우고 사리 두 알을 묻었는데, 신의 조화로 세 알이 되었다"라
는, 기존 문헌에는 존재하지 않는 새로운 내용이었다. 노중국 계명대

인문학부 교수는 왕이 죽은 왕자를 위해서 탑을 세웠다는 내용은 우리 문헌에는 전혀 없는 새로운 기록이라고 밝혔으며, 이도학 한국전통문화학교 문화유적학과 교수 역시 사비성이 도읍이던 성왕(聖王·재위 523~554)과 위덕왕 시대의 백제 정치사, 나아가 불교의 역할을 알아내는 중요한 단서가 될 수 있다고 기대를 내비쳤다.

청동사리함에 새겨진 29자의 명문에는 사랑하는 아들을 잃고 깊은 슬픔에 잠겼던 1400년 전 백제 위덕왕의 애틋한 부정(父情)이 담겨 있었다. 백제 창왕은 그 애끓는 심정을 삭이며 이곳에 사리탑을 세우고 추모한 것으로 보인다.

1400년 동안 주목받지 못한 왕

창왕이 집권한 기간은 무려 45년이나 된다. 하지만 그의 행적을 전하는 기록이 극히 일부밖에 없는 탓에 백제왕 창은 주목받지 못한 왕이었다. 《삼국사기》를 통해 알 수 있는 것은, 그가 성왕의 맏아들이었고 죽은 뒤 위덕왕이라는 시호를 받았다는 것 정도에 불과하다. 그런데 놀랍게도 일본의 역사서에서 예상치 못한 창왕의 행적을 찾을 수 있었다.

8세기에 제작된 《일본서기日本書紀》에는 우리 문헌에 수록되어 있지 않은 한반도의 고대사 내용이 기록되어 있다. 편찬 과정에서 일본인의 시각으로 왜곡시킨 문제점이 발견됐지만, 구체적인 사실을 그대

일본 나라(奈良)시대에
관찬(官撰)으로 이루어진
일본의 역사서 《일본서기》.

로 인용한 내용도 많다. 특히 백제인이 쓴 〈백제신찬百濟新撰〉을 인용
한 기사에는 창왕에 관한 내용이 자세하게 실려 있다.

태자 시절 창이 고구려군과 맞서 싸운 백합야(百合野) 전투 기록은
아주 구체적으로 이어져, 창이 전투의 최선봉에 서서 고구려군을 물
리치고 승리하는 과정이 놀랍도록 생생하게 묘사되어 있었다.

> 백제 왕자 여창이 나라 안의 군사를 전부 징발해서 고구려로 향했다. ……
> 백합들에 보루를 쌓고 병사들과 침식을 같이 했다. ……태자 여창이 고구
> 려 용사를 창으로 넘어뜨리고 목을 베었다. 고구려군과 장수가 크게 노했
> 다. 이때 백제군이 크게 함성을 지르니 천지가 진동했다. 여창이 나가 싸우
> 니 고구려왕이 동성산으로 퇴각했다. —《일본서기》 흠명조 553년 10월

그런데 창의 왕위계승과 관련된 《일본서기》 기사에 실로 충격적인
내용이 실려 있다. 창이 신하들에게 왕위를 버리고 출가하여 스님이
되겠다고 선언했다는 것이다. 554년 8월, 백제 왕궁에서는 스님이 되

태자 여창이 출가하여 수도하겠다고 선언하였다
는 《일본서기》의 기록.

겠다고 하는 창과 만류하는 대신들의 팽팽한 신경전이 펼쳐졌다.

창왕: 나는 부왕을 위하여 출가하여 수도하려고 합니다.

원로1: 어찌 출가를 하겠다고 하십니까? 전에도 생각을 잘못하여 큰 화를 불렀는데 누구의 잘못입니까?

원로2: 이 나라 백제를 어느 나라에 넘겨주려고 하시는 것이옵니까? 만일 원로들의 말을 잘 들었다면 오늘과 같은 처지에 이르지 않았을 것입니다. 청컨대 전날의 잘못을 뉘우치시고 출가하는 것을 그만두십시오.

—《일본서기》 흠명조 554년 8월

어찌된 영문인지, 창왕을 만류하는 원로대신들의 목소리가 추궁과 질책에 가깝다. 대체 창왕에게 무슨 일이 있었던 것일까?

씻을 수 없는 상처, 아버지의 죽음

충북 옥천군의 한적한 농촌에 그 실마리를 풀어줄 유적이 있다. 창왕의 아버지가 전사한 장소로 전해지는 곳이다. 기록에 따르면, 창왕의 아버지인 성왕은 '구천(狗川)'이라는 곳에서 최후를 맞았다고 한다. 마을 주민들은 '구진벼루'(구전루, 구전벼루, 구준벼랑이라고도 불림)라고 부

충북 옥천군 서면 월전리의 구진벼루.

르는 이 낭떠러지가 성왕이 죽은 구천이라고 믿어왔다. 학자들 역시 구천과 발음이 비슷한 구진벼루 지역을 성왕의 전사지로 보고 있다.

그렇다면 성왕은 무슨 까닭으로 사비성이 아닌 이 외진 곳에서 숨을 거둔 것일까? 그 결정적인 단서는 구진벼루 너머의 관산성에 있다. 당시 관산성에는 태자 창이 머물고 있었다. 해발 330미터 높이의 가파른 경사를 따라 오르면 관산성의 흔적이 나온다. 성돌은 대부분 무너져내렸지만, 성벽을 지탱하던 바닥 부분은 그대로 남아 있다. 확인된 관산성의 둘레는 900미터 정도이며, 성안에는 병사들이 식수로 사용한 우물도 남아 있다. 태자 창은 무슨 까닭으로 이 험준한 곳에 머문 것일까?

삼국시대에 관산성은 백제와 신라가 각축을 벌이던 요충지였다. 산 정상에서 내려다보면 지금도 이곳이 교통의 요지라는 걸 알 수 있다. 국도와 철도, 고속도로까지 모두 모여 있다. 백제의 입장에선 신

관산성 일대는 지금도 국도와 고속도로, 철도가 만나는 교통의 요지이다.

남아 있는 관산성의 성벽 부분과 병사들이 식수로 사용했던 우물.

라의 수도로 진출하는 관문이자, 충북 보은을 지나 한강으로 가는 길목이었다. 신라의 상주에서도 이곳 옥천을 거쳐야만 백제의 부여나 공주로 갈 수 있었다.

이렇게 백제와 신라 양국의 국경이 만나는 관산성 일대는 하루가 멀다 하고 치열한 접전이 벌어진, 그야말로 최전방 군사지역이었다. 산봉우리마다 수많은 요새가 있었을 정도다. 태자가 머물기엔 위험하기 짝이 없는 최전방. 그러나 그것은 창의 선택이었다.

사건의 발단은 3년 전으로 거슬러 올라간다. 551년, 백제는 신라와 연합해 고구려에 빼앗긴 한강유역을 탈환했다. 그런데 불과 2년 뒤, 신라 진흥왕(眞興王·재위 540~576)이 120년간의 동맹을 깨고 한강을 하류까지 독식해버렸다.

백제에게 옥천은 한강으로 가는 중요한 길목이었다.

백제 조정은 배신한 신라에 대한 응징 문제로 치열한 논란을 벌였다. 원로대신들은 때가 아니라며 전쟁에 반대했지만, 혈기왕성한 창은 공격을 주장하며 원로대신들을 질타했다. 백제의 첫 수도였던 한강 유역 탈환은 아버지 성왕의 오랜 꿈이었다. 태자 창으로선 76년 만에 되찾은 고토를 훔쳐 간 신라를 용서할 수 없는 일이었다.

554년 7월, 마침내 창의 뜻대로 신라

한강을 차지한 553년 신라의 영토.

와의 전쟁이 결정됐다. 아버지 성왕의 지지가 없었다면 불가능한 결정이었다. 성왕의 입에서 공격 명령이 떨어지자 창은 3만 명의 대군을 편성한 뒤, 아버지께 출정을 고했다. 그리고 이것이 창이 마주한 아버지 성왕의 마지막 모습이었다.

총사령관 창의 기습공격은 성공적이었다. 신라군은 백제의 공격을 당해내지 못했고, 창은 순식간에 관산성 일대를 장악했다. 하지만 신라의 지원군이 몰려오면서 전투는 밀고 밀리는 교착상태로 빠져들었다. 바로 그즈음, 성왕은 창을 격려하기 위해 50명의 기동대를 이끌고 관산성으로 향한다.

> 성왕은 아들 창이 겪는 고통을 걱정하였다. 이에 스스로 가서 위로하고자 하였다. ─《일본서기》 흠명조 554년 7월

그런데 첩보를 입수한 신라군이 관산성으로 통하는 길목에 매복해 있었다. 예기치 못한 기습에 성왕은 생포되고 말았다.《일본서기》엔 성왕이 신라의 노비 출신 장수의 손에 최후를 맞이하는 순간이 생생하게 묘사되어 있다.

> 도도刀都: 삼가 백제왕의 목을 베기를 청합니다!
>
> 성왕: 내 죽는 것은 두렵지 않다만 어찌 백제국왕의 머리를 너같이 비천한 노비의 손에 맡길 수 있단 말이냐!
>
> 도도: 우리 신라에서는 맹세한 것을 어기면 비록 국왕이라 하더라도 노비의 손에 죽는 것이 법입니다.
>
> 성왕: 내가 지금껏 많은 고통을 이겨내고 살아왔으나, 이제 구차하게 살고 싶지는 않구나. 그래, 내 이 칼을 줄 터이니 목을 치거라!
>
> ─《일본서기》 흠명조 554년 7월

결국 신라의 노비가 휘두른 칼에 성왕은 마지막 숨을 거두었다. 《일본서기》엔 신라군이 성왕의 시신 가운데 몸은 백제 측에 돌려주고 머리는 경주의 북청 계단 아래 묻어 밟고 다니게 했다고 적혀 있

어, 시신조차 제대로 수습하지 못한 것으로 보인다.

성왕의 참혹한 죽음은 백제를 충격으로 몰아넣었다. 백제군은 3만 대군을 잃었고, 창이 일으킨 보복 전쟁은 참패로 끝났다. 창은 살아 돌아온 것 자체로 죄인이었다. 아버지를 사지로 내몰고 시신마저 수습하지 못한 죄책감에 살아 있어도 사는 것이 아니었다. 《일본서기》는 창이 왕위를 비워둔 채 3년간이나 왕위에 오르지 않았다고 전한다. 아버지 성왕의 죽음과 관산성 전투의 참패가 불러온 충격과 후유증은 그만큼 크고 깊었던 것이다. 창은 참담함을 견디다 못해 급기야 원로대신들에게 스님이 되겠다고 선언한다.

백제의 국운을 건 전투의 참패와 아버지의 죽음은 창왕의 일생에 낙인이 되었을 것이다. 그런데 그런 상황에서 그는 왜 하필이면 스님이 되겠다고 한 것일까? 한 나라의 왕이 단지 불효를 씻고 불충을 씻기 위해 스님이 되겠다고 한 것으로 보기엔 뭔가 석연치 않은 점이 있다.

여기서 다시 왕흥사 사리함에 주목할 필요가 있다. 창왕이 죽은 아들을 위해 사리함을 봉안하고 세운 왕흥사의 사리탑은 5층 규모의 거대한 목탑이었을 것으로 추정된다. 사리(Sarira)는 원래 석가모니가 죽고 난 뒤 그 몸에서 나왔다는 구슬이다. 그러니까 사리를 모시기 위해 세운 탑은 부처의 무덤에 해당한다. 아버지 성왕의 명

사리함이 들어 있던 왕흥사지 탑지 위에 당시 백제가람 형식을 근거로 컴퓨터그래픽으로 재현한 5층 목탑의 모습.

복을 빌기 위해 스님이 되겠다고 한 창왕이 이번에는 죽은 아들을 기리기 위해 사리탑을 세운 것이다.

창왕이 사리함을 봉안한 577년은《삼국유사》에 기록된 최초의 사리봉안 시기보다 무려 100년이나 앞섰다. 유물에는 그 시대를 일궈낸 삶의 표정이 담겨 있기 마련인데, 그렇다면 창왕에게 사리봉안은 무엇이었을까? 또 그 배경에 어떤 사연이 있었던 걸까?

불국토를 세우고자 했던 아버지의 유지

창이 태어난 곳은 웅진의 공산성(사적 제12호)이다. 이곳에서 청소년기를 보낸 창은 아버지 성왕에게서 보고 배우며 키워온 오랜 꿈이 있었다. 그 꿈은 526년 백제왕성에서 열린 이례적인 환영행사에서 출발한다. 불법을 구하러 인도로 유학을 떠났던 겸익(謙益)이 5년 만에 돌아오던 날, 성왕은 직접 어전 밖으로 나와 맞이했을 정도로 그의 귀국을 기뻐했다. 겸익이 인도에서 가져온 불교 경전은 성왕이 학수고대하며 기다리던 것이었다. 이후 성왕은 겸익을 홍륜사(興輪寺)에 머물게 하고, 불경 번역을 국가 프로젝트로 지원한다. 홍륜사는 이름 그대로 불법을 홍하게 해서 세계를 다스린다는 성왕의 꿈이 담긴 절이었다.

그 꿈은 성왕의 이름에도 들어 있었다. 성왕은 인도 신화에 등장하는 전륜성왕(轉輪聖王, cakravarti-rāja)의 약칭인데, '불법의 바퀴로 온 세계를 교화시키고 다스리는 최고의 통치자'를 뜻한다. 불교에서 수미산의 삼십삼천(三十三天, 忉利天)을 지배했다는 왕이며, 백제 무왕(武王·재위 600~641)이 미륵사탑을 세우고 신라 진흥왕은 황룡사탑을 지어 비견되고 싶어 했을 정도로 삼국시대 왕들이 제일 닮고 싶어 한 존재이다. 성왕은 살아생전에 이미 전륜성왕이라고 불렸을 정도로 불법을 백제중흥의 구심점으로 삼았다.

어린 시절부터 창은 아버지의 간절한 꿈을 지켜보며 전륜성왕의 후계자로 교육받았다. 아버지의 길은 곧 어린 창의 길이었고, 철이 들면서부터 아버지 성왕의 꿈은 함께 이루어야 할 부자의 꿈이 되었다. 그러나 부자가 함께 백제를 불국토의 중심으로 이루고자 했던 그 간절한 꿈은 관산성 전투의 참패로 무너져버렸다. 위대했던 아버지의 그림자 뒤에 홀로 남겨진 아들 창에게 백제중흥은 불가능해 보였다. 이제 그에게 남은 희망은 아버지로부터 물려받은 굳은 신앙, 백제를 향한 부처의 자비였다.

창왕이 봉안한 왕흥사 사리함은 발굴되자마자 국제학술대회로 다뤄졌을 만큼 동북아시아 불교 전문가들의 관심 대상이었다. 2008년 1월 29일, 국립부여박물관에서 열린 왕흥사 사리함 국제학술대회에 참석한 일본 사리신앙 연구의 권위자인 사가와 마사토시 동북학원대 교수는 일본의 사리신앙이 백제 창왕 시대에 전래된 것으로 추정했다. "현재까지 중국에서 심초석에 사리를 넣는 시설은 발견되지 않았기 때문에 이번 심초석 내 사리안치 방식은 위덕왕대에 독자적으로 개발되었을 가능성이 높다."

양홍 중국 사회과학원 고고연구소 교수는 사리신앙의 정치적 성격

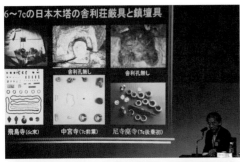

사가와 마사토시 교수(위)와 양홍 교수(아래)가 각각 일본과 중국의 사리신앙과 비교하여 왕흥사 사리함의 특성을 발표하고 있다.

에 주목했다. 부처의 권위를 얻으려는 왕들에 의해 아시아 전역에 사리가 전파됐다는 것이다. "불교 경전을 보면 석가모니 열반 후에 주변의 많은 왕들이 그의 사리를 가지려 다투었고 사리가 여러 곳으로 분산되었다는 기록이 있다. 사리신앙이 중국에 전파된 후, 불교에서 사리는 매우 중요한 요소로 자리 잡게 되었다"고 양홍 교수는 설명했다.

중국 산시성(山西省)에서 출토된 사리석함에는 분열되어 있던 남북조를 통일한 수나라 문제(隋文帝·541~604)의 사리봉안 행렬이 그려져 있다. 그런데 이 〈사리봉안도〉에서 특이한 장면이 발견됐다. 다른 사리공양 그림과 달리, 사리가 있어야 할 높은 전각 위에 황제가 앉아 있다. 황제를 부처의 사리보다 우월적인 존재로 묘사한 정치적 상징이었다. 주경미 부경대 교수는 "고대 왕의 사리봉안은 민심수습과 통합, 안정의 정치적 목적을 가진 경우가 많다. 수문제는 인도 아육왕(阿育王, 아쇼카 바르다나)과 같이 정치적인 목적으로 사리공양회를 연 대표적인 인물"이라고 분석한다.

사리를 봉안하고 거대한 목탑을 세우는 일은 대역사(大役事)였을 것이다. 창왕이 이런 대역사를 벌인 배경에는 흩어진 민심을 모으기 위

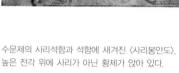
수문제의 사리석함과 석함에 새겨진 〈사리봉안도〉.
높은 전각 위에 사리가 아닌 황제가 앉아 있다.

한 정치적 목적이 있었던 것은 아닐까? 왕흥사 터에서 발굴된 사리
함은 창왕에 대한 역사적 평가에 근본적인 의문을 던지고 있다. 관산
성 전투의 참패 이후 대신들의 기세에 눌려서 숨죽이고 지낸 무능한
왕이자, 스님이 되려 한 비운의 왕쯤으로 여긴 것이 창왕에 대한 그
동안의 일반적인 평가였다. 그러나 새롭게 알려진 창왕의 사리봉안
은 스님이 되겠다고 한 그의 폭탄선언을 재해석하게 했다. 불교는 창
왕과 성왕 부자에게 개인적인 신앙 그 이상의 것이었다.

《삼국유사》의 한 기록에서 관산성 전투 이후 창왕의 행적을 찾을
수 있다. 신라본기의 진흥왕 조에 실려 있는 뜻밖의 전투 기록이다.
관산성 전투에서 대패한 지 불과 2개월 후인 554년 9월에 백제가 신
라의 진성을 공격해 엄청난 전과를 올렸다는 것이다.

> 백제 군사가 진성으로 쳐들어왔는데, 남녀 3만 9천 명과 말 8천 필을 약취
>
> 해서 돌아갔다. —《삼국유사》 진흥왕조 554년 9월

충남 부여군 능산리에 있는 백제의 고분. 백제 말기의 것으로, 총 일곱 기의 무덤 중 2호분(위)이 성왕의 무덤으로 추정된다.

관산성 전투 이후, 창왕의 최우선 과제는 아버지의 유해를 모셔오는 것이었다. 따라서 진성 전투는 아버지 성왕의 시신을 송환하기 위해 결행한 보복전으로 추정된다. 참패 직후 무리한 공격이었으나 그는 이 전투에서 크게 이긴다.

부여 시가지를 벗어나면 7기의 무덤이 누워 있는 능산리 고분(사적 제14호)이 나온다. 사비시대에 조성된 백제 왕실의 무덤이다. 학계에서는 그중 2호분을 창왕이 조성한 성왕의 무덤으로 보고 있다. 그렇다면 창왕은 아버지의 주검을 모신 다음 무엇을 했을까? 성왕의 무덤에서 불과 600미터 지점에서 그 실마리가 발견됐다. 1993년, 허허벌판이었던 농경지는 능산리 고분 주차장 예정지였으나, 공사를 앞두고 시작된 현장조사에서 백제 기와가 대량으로 출토되자 공사는 중단될 수밖에 없었다.

마치 오랜 세월을 기다려온 듯, 건물의 아궁이로 추정되는 구덩이 속에서 진귀한 향로가 발견되었다. 진흙으로 범벅이 되어 있었지만 온전한 상태였다. 64센티미터 높이의 정교하면서도 독특한 디자인으로 세공된 이 유물은 백제 최고의 걸작으로 꼽히는 금동대향로였다.

발굴 당시의 능산리 사찰 터의 모습과 금동대향로 발굴지. 대향로는 진흙 구덩이 속에 파묻혀 있었다.

향로 몸체엔 빈틈을 찾을 수 없을 정도로 빼곡히 수십 가지의 문양이 조각되어 있었다. 이처럼 화려한 향로는 대체 누가 만든 것일까?

발굴이 계속되면서 예사롭지 않은 건물터가 속속 드러났다. 능산리 사찰 터였다. 본격적인 발굴로 사찰의 규모도 밝혀졌다. 사찰 앞마당에

부여능산리출토백제금동대향로. 높이 64센티미터, 무게 11.8킬로그램이나 되는 대형 향로로, 크게 몸체와 뚜껑으로 구분되며 위에 부착한 봉황과 받침대를 포함하면 4부분으로 구성된다. 국립부여박물관 소장. 국보 제287호.

발굴 당시 발굴지의 도면과 컴퓨터 그래픽으로 재현한 능산리 사찰의 모습.

는 목탑이 세워져 있었고, 그 뒤로는 금당과 강당이 일직선상에 배치되어 회랑으로 전체를 에워싸는 전통적인 백제가람 양식의 대규모 사찰이었다. 금동대향로는 능산리 사찰에서 사용한 향로였던 것이다.

능산리 사찰을 누가 그리고 왜 조성했는지에 대한 결정적인 단서는 금동대향로가 발견된 곳에서 불과 30미터 지점, 사찰 마당의 목탑 자리에서 발굴됐다. 우체통 모양으로 생긴 사리감(백제창왕명석조사리감, 국보 제288호)이 그것이다. 사리감(舍利龕) 중앙엔 사리함을 봉안했던 것으로 보이는 아치형 구멍이 뚫려 있었다. 사리공양을 한 것은

능산리 사찰 터의 목탑지에서 발굴된 백제창왕명석조사리감.

매형공주(妹兄公主)이지만, 능산리 사찰이 세워진 해는 창왕 13년(567)
이라고 뚜렷이 나와 있다. 이런 대규모 사찰의 조성은 당시 왕이었던
창이 주도했을 것이다.

> 百濟昌王十三年太歲在丁亥妹兄公主供養舍利
>
> 백제 창왕 13년에 매형공주가 사리를 공양했다.

— 백제창왕명석조사리감 명문

아버지를 기리며 백제중흥을 다짐하다

능산리 사찰을 조성한 것은 567년, 창왕이 관산성 전투에서 아버지
를 잃고 13년이 흐른 뒤이다. 창왕이 이 시기에 아버지의 무덤가에
능산리 사찰을 세운 데는 분명한 목적이 있었다. 양기석 충북대 역사
교육과 교수는 창왕이 관산성 전투에서 정치적으로 곤경에 처했기

때문에 아버지 성왕의 위업을 계승하는 의미에서 성왕을 추복(追福) 하는 상징물을 세웠을 것이라고 추측한다. 그것이 바로 능산리 사찰 이었다.

창왕의 일생에서 아버지 성왕을 기리는 능산리 사찰을 세운 567년 은 중요한 분기점이었다. 45년의 재위 기간(554~598년) 중 극히 일부 분밖에 다루지 않은 문헌 기록도 비로소 이 시기에 창왕이 관산성 전 투의 충격을 극복하고 본격적인 대외 활동에 나섰음을 보여준다.

능산리 사찰을 세운 567년 9월, 창왕은 중국의 남조국가인 진(陳) 나라에 사신을 파견했다. 그리고 불과 한 달 뒤, 중국대륙의 북제(北 齊)에도 외교사절단을 연이어 보냈다고 《삼국사기》에 기록되어 있다. 백제는 웅진으로 천도한 이후 줄곧 중국 남조국가와 교류해 왔는데, 창왕은 무슨 이유로 북제와의 교류에 나선 것일까?

그 배경에는 요동치는 국제정세가 있었다. 신라의 팽창에 밀려 가 야의 영토는 축소됐다. 중국대륙의 정세도 시시각각 바뀌었다. 북위 (北魏)와 진나라로 양분되어 있던 중국대륙은 한치 앞을 내다볼 수 없 을 정도로 복잡한 양상으로 변화했다. 양기석 교수는 이 시기 창왕이 중국 정세에 민감하게 대처하여 종전에 볼 수 없었던 백제 외교력의 큰 발전을 이루었다며, 밖으로는 백제의 위상을 높이고 안으로는 왕 권을 강화시키는 계기가 되었다고 평가한다.

창왕이 능산리 사찰을 세우고 봉안한 금동대향로에도 그런 노력이 깃들어 있다. 금동대향로에 빼곡히 조각해놓은 문양은 사람과 동물, 산과 계곡 등 현실세계의 다양한 모습을 담고 있는데, 한반도에 살지 않았던 코끼리, 악어 등 특이한 동물들까지 조각되어 있다. 백제를 세상의 중심이자 불국토의 나라로 만들려 했던 성왕의 꿈을 금동대향로에 새겨 넣은 것이다. 이도학 교수는 성왕이 꿈꿨던 세계를 구현하고자 하는 위덕왕의 열망이 성왕에게 제사 지내는 도구인 금동대향로에 반영되지 않았겠는가 추측한다.

능산리 사찰에 피어오른 금동대향로의 연기. 그것은 관산성 전투의 참패로 무너진 아버지 성왕의 백제중흥의 꿈을 반드시 이루겠다는 창왕의 다짐이 아니었을까? 왕위에 오른 지 13년 후, 창왕은 능산리 사찰을 세우고 사리와 금동대향로를 봉안하면서 아버지의 무덤 앞에서 다짐이라도 한 것처럼 본격적인 행보를 시작했다.

우리는 단편적인 역사의 기록과 진흙 속에서 발견된 몇 가지 유적을 작은 실마리 삼아, 그간 알려지지 않았던 백제 창왕의 정치 데뷔 정황을 가늠해보았다. 오랫동안 땅 속에 묻혀 있던 작은 자취 속에서도 1400년 전 한 남자의 고뇌와 슬픔, 그리고 결단은 생생하게 느껴진다.

한국사
傳
4

3

577년 2월, 왕은 사리함을 묻고 목탑을 세웠다.

또 다시 아들마저 앞세운 가혹한 운명.

왕은 그 비통한 심정을 사리함에 담아두었다.

1400년 전 사리함의 29자 명문은

사비성에 불국토를 세우겠다던 아버지 성왕의 뜻을 받든

거대한 프로젝트가 완성되었음을 알리고 있었다.

왕의 꿈, 왕의 눈물
─ 위덕명왕, 백제왕 창

관 산성 전투에서 신라군에게 아버지를 잃은 위덕왕은
10년 뒤인 561년, 다시 한 번 신라 공격을 결정한다.

그러나 전투는 또 다시 백제의 패배로 끝난다.

1천여 명의 사상자를 낸 백제군.

전투에 참가했던 위덕왕의 왕자 역시 전사한 것으로 추정된다.

이런 혼란스러운 정세 속에서 왕이 취할 태도는 한 가지였다.

부처의 자애로운 기적으로 백성의 마음을 한데 모으는 것.

사리 두 알이 세 알로 변한 이 신비로운 이적은

바다 건너 일본 열도까지 이어져

온 세상을 구하는 관음보살의 모습으로 우리 앞에 나타났다.

1400년 전 비운의 가족사

왕흥사 사리함이 발굴된 지 4개월 만에 국제학술대회가 열렸다. 풀어
야 할 미스터리가 많은 만큼 사리함의 명문은 열띤 논쟁을 불러왔다.
사리함에 새겨진 스물아홉 자의 명문 가운데 이도학 교수가 새로운
해석을 제기한 글자는 '망(亡)' 자

였다. 두 번째 획이 'ㄴ' 모양으로

확실히 이어져 있어야 하는데, 이

글자는 내려오던 획이 끊어져 4획

으로 이루어져 있으므로 '삼(三)'

자로 봐야 한다는 것이다.

29자의 사리함 명문 중 삼(三) 자와 망(亡) 자로
해석이 엇갈리는 글자.

하지만 서예사 전공인 손환일

한국학중앙연구원 책임연구원은

반론을 제기했다. "삼 자가 되기

위해서는 첫 획과 두 번째 획 사이

가 허획이 되어야 하는데 이 자는

손환일 박사가 문제의 명문을 망(亡) 자로 해석하
면서 근거로 제시한 고대 명문의 망(亡) 자 표기
사례.

이도학 교수가 명문 해석의 근거로 제시한 금동석가여래입상 뒷부분에 새겨진 망(亡) 자 명문.

중국 제나라 방주타 묘지에 새겨진 삼 자.

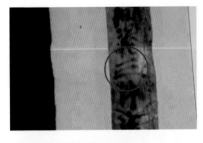
안압지 출토 목간에 새겨진 삼 자.

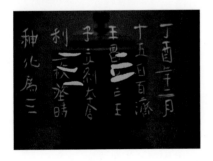
해석이 갈리는 사리함 명문과 사리함 명문 마지막 행에 등장하는 '석 삼(三)' 자.

분명히 실획"이라는 점을 들었다.

그렇다면 이도학 교수는 왜 '석 삼' 자로 보는 것일까? 이 교수는 왕흥사 사리함과 같은 시기의 유물에 새겨진 명문을 근거로 제시했다. 사비시대 출토품인 금동석가여래입상(보물 제196호) 뒷면엔 불상을 만든 내력이 적혀 있는데, 여기에 '망(亡)' 자가 나온다. 사리함의 글자와는 달리 아래 획이 이어져 있다. 사리함의 글자는 오히려 중국 남북조시대 제(齊)나라 방주타 묘지의 삼 자, 통일신라시대 안압지 출토 목간의 삼 자와 비슷하다는 것이다.

손환일 박사는 '도자(刀子)'라는 칼로 썼기 때문에 방향 전환이 힘들어 아래 획을 뗄 수밖에 없었다고 반박했다. 같은 시기 북위에서 제작된 망 자 역시 사리함의 글자와 유사한 형태다. 특히 손 박사가 주목하는 것은 사리함에 나오는 삼 자이다. 왕흥사 청동사리함 명문의 마지막 행에는 삼 자가 나오는데 그 모양이 확연히 다르다.

이렇듯 글자의 해석은 엇갈렸지만

'창왕이 죽은 왕자를 위해 사리를 묻었다'는 내용에는 의견이 일치했다.

사리함의 비밀: 죽은 왕자는 누구일까?

지금까지 문헌으로 확인된 창왕의 유일한 아들은 우리에게도 익숙한 이름인 아좌 태자(阿佐太子)였다. 아좌는 일본 쇼토쿠 태자(聖德太子·?~622)의 스승으로 〈쇼토쿠 태자상唐本の御影〉(일본 왕궁 귀중물)을 그린 것으로 알려진 인물이다 아좌 태자의 행적이 남아 있는 곳도 백제의 수도 사비가 아닌 일본의 후쿠오카이다.

〈쇼토쿠 태자상〉. 일본 궁내청 소장.

후쿠오카의 사가(佐賀)현립도서관 고문서 보관실에는 사가현의 역사를 기록한 《비전국지肥前國志》가 보관되어 있다. 그런데 《비전국지》의 〈이나사 신사稻佐神社〉편에 창왕의 이름이 등장한다. 그리고 창왕의 아버지인 성왕은 물론 아좌의 이름까지 나와 있다. 삼대에 걸친 백제 창왕의 가족 이름이 일본 후쿠오카의 이나사 신사 기록에 등장하는 이유는 무엇일까?

이나사 신사는 깊은 산골에 자리하고 있다. 지금은 작은 규모의 신

일본 후쿠오카 사가현 기시마군에 위치한 이나사 신사.

사로 남아 있지만 《일본삼대실록日本三代實錄》에 기록되어 있을 정도로 유서 깊은 신사다. 이나사 신사의 역사를 기록한 목판에 의하면, 신사에는 창왕의 아버지 성왕과 아좌가 신으로 모셔져 있었다.

더욱 놀라운 것은 목판에 연이어 적혀 있는 "아버지 성왕과 어머니의 영혼을 소중하게 섬기는 아좌의 효심에 감복해 신으로 모셨다"는 기록이다. 아좌가 창왕의 아들이 아닌 성왕의 아들이라고 못 박고 있다. 신사 기록에 대한 이들의 믿음은 확고했다. 이나사 신사의 궁사(宮司)는 "아좌 태자가 사망했을 때 사람들이 이처럼 부모에게 효를 다한 사람은 이곳에 모셔야 한다고 해서 성왕과 그 황후의 영혼과 함께 모시게 된 것"이라고 밝힌다.

아좌가 이 마을에 머문 것은 사실이었다. 지금은 매립되어 공터로 바뀌었지만 바다를 건너 온 아좌가 8척의 배의 닻을 내린 곳이라 해

아좌 태자가 머물던 사가현의 바닷가 마을. 안내문을 통해 하스포가사키 항구라는 지명의 유래를 밝히고 있다.

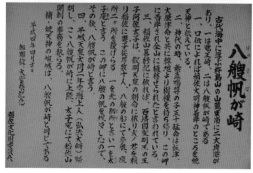

서 하스포가사키(八艘帆が崎) 항구라는 지명이 생겼다고 한다. 아좌와 관련된 또 다른 지명은 기탄 고세, '높은 분이 살았다'는 뜻이다. 바닷가 작은 마을에 도착한 아좌는 존경을 한 몸에 받으며 지냈던 것으로 보인다. 하지만 아좌의 이후 행적을 알 수 있는 단서는 〈쇼토쿠 태자상〉이 유일하다. 과연 이 마을 주민들의 믿음대로 아좌는 창왕의 아들이 아닌 형제였을까?

분명한 것은 아좌가 왜로 건너 온 시기는 일본의 스이코 천황(推古

天皇 · 재위 593~628) 때인 597년으로, 창왕이 사리를 봉안하고 20년이 지난 후다. 그렇다면 창왕에겐 역사서에 기록되지 않은 또 다른 왕자가 있었다는 이야기다.

《삼국사기》에서 그 단서를 찾을 수 있는데, 사리함 명문 속의 죽은 왕자에 대한 실마리는 위덕왕 8년(561) 신라와의 전투 기록에 들어 있었다.

> 8년 가을 7월에 군사를 보내 신라의 변경을 쳐서 약탈하였다. 신라 군사가 나가 쳐서 이기니 죽은 자가 1천여 명이었다. —《삼국사기》 27권 위덕왕 8년

창왕에게 신라는 반드시 넘어야 할 산이었다. 아버지 성왕의 참혹한 죽음을 불러온 관산성 전투의 후유증에서 벗어나 재기하기 위해선 신라와의 일전은 불가피했다. 백제와 왜를 이어주는 중간 기착지 역할을 하던 대가야마저 신라가 차지해버려 백제는 고립된 상태였다.

561년 7월, 창왕은 마침내 신라 공격을 지시한다. 공격지역은 대가야로 통하는 신라의 변경지대였으며, 창왕의 아들은 태자 시절 창이 그랬던 것처럼 선봉에서 전투를 지휘한 것으로 보인다. 하지만 이 전투도 1천여 명의 사상자를 낸 채 백제의 패배로 끝났다.

이도학 교수는 "사리탑을 조성하는 데는 정당한 근거가 있어야 한다. 당시 위덕왕의 국정과제는 신라에 대한 응징이었고, 신라와 여러 차례 전쟁을 치르는 과정에서 위덕왕의 왕자들이 전몰하지 않았겠는가. 사리함 명문에 적혀 있는 '왕자의 죽음'이라는 부분은 신라와의 전쟁에서 사망한 왕자일 것"이라고 분석한다.

신화위삼의 비밀: 사리는 어디로 사라졌을까?

신라와의 전투에서 아버지를 잃고 또 다시 자식까지 빼앗긴 비극적인 운명. 분노와 절망 사이를 오가던 창왕은 아들의 죽음마저 헛되이할 수 없다는 다짐을 담아 왕흥사 사리함을 봉안한 것으로 보인다.

어쩌면 창왕의 일생일대 과제는 신라와의 결전이었을지도 모른다. 하지만 거듭된 패전으로 그 뜻을 일사천리로 밀고 나가기엔 쉽지 않은 상황이었다. 그렇다면 신라와의 일전을 다시 준비하는 일환으로 순국한 왕자를 기리는 사리공양대회를 열었던 것은 아닐까? 단서는 바로 사리함 명문의 마지막 2구절에 나오는 글귀이다.

本舍利二枚葬時神化爲三

사리 두 알을 묻었는데 신의 조화로 세 알이 되었다.

과연 그런 기적이 실제로 일어났던 것일까? 사리함 봉안 날짜(丁酉年二月十五日)인 2월 15일은 부처의 열반일로, 고려 전기까지는 연등회를 개최하는 국가 기념일이었다. 김상현 동국대 역사학과 교수는 사리함 봉안 날짜와 명문의 마지막 구절 '신화위삼(神化爲三)'에 주목하며, 종교적으로 신이함을 강조해서 사리공양의 신성성을 돋보이게 하려는 의도가 강했을 것이라고 설명한다.

그런데 발굴 당시 왕흥사 사리함에는 사리 대신 맑은 물만 고여 있었다. 사리는 어디로 간 걸까? 물에 녹은 것일까? 국립문화재연구소에서 실시한 양이온 검사에서는 사리함 속 고인 물에 사리의 방사선

중국 간쑤성 둔황현의 고대 불교 유적인 둔황석굴(막고굴). 1000여 개에 이르며 대부분의 벽면이 채색 벽화로 덮여 있다.

동위원소인 칼슘 함유량이 많은 것으로 나왔으나, 최종 분석 결과 주변 토양에서 유입된 칼슘으로 밝혀졌다. 사리의 성분 중 유일하게 토양에 존재하지 않는 것은 프로트악티늄(protactinium)인데, 사리병에서 채취한 시료에선 검출되지 않았다. 이규식 국립문화재연구소 연구실장은 "결과적으로 볼 때 이 액체는 사리가 녹은 액체가 아니다. 이 분석을 통해서 사리 행방은 밝힐 수 없는 상태"라고 결론을 내렸다.

처음부터 사리는 없었던 것일까? 사리함의 명문에 엄연한 사실로 기록되어 있는 신화위삼의 기적, 두 알의 사리가 세 알로 늘어났다는 기적은 대체 어찌된 것일까?

중국의 둔황석굴(敦煌石窟)에서 의문을 풀어줄 첫 단서를 찾을 수 있다. 세계문화유산으로 지정돼 보호를 받고 있는 둔황석굴에는 수많은 벽화가 그려져 있다. 벽화를 모두 전시하면 그 길이가 22킬로

미터에 이를 정도다. 그중에는 사리 기적
을 보여주는 벽화도 있다. 둔황 323굴의
당(唐)나라 시대 벽화에는 사리를 공양하
는 장면을 묘사한 그림이 들어 있는데, 오
색의 찬란한 빛이 쏟아져 나오고 있다.
《고승전》에도 기록되어 있는 사리 기적담
이다.

사리 기적담을 그린 둔황 323굴 벽화.

오색의 찬란한 광채가 병 위로 뻗쳐 나왔다. ―《고승전》

　　주경미 교수는 이런 기록들에 대해 "고대 불교에서 사리나 불상의
신이와 기적을 보여줌으로서 백성을 포섭하는 행위는 흔하다. 그렇
기 때문에 그런 신이한 기적이 나타난 경우에는 반드시 기록으로 남
기게 된다"고 설명한다.
　　그렇다면 창왕이 위덕왕 14년(567)에 아버지 성왕의 무덤가에 탑을
세우고 사리를 봉안한 사실이 두 번째 단서다. 능산리 사리탑 조성은
창왕의 본격적인 대외활동을 알리는 정치적 전환점이자 신호였다.
그런데《삼국사기》에는 왕흥사 사리함을 봉안한 위덕왕 24년(577) 10
월에 백제가 신라를 기습 공격했다는 내용이 실려 있다. 그것도 변경
이 아닌 신라의 주군 깊숙이 쳐들어갔다는 것이다.
　　주군의 위치는 지금의 경북 선산과 구미 일대로, 신라의 수도 경주
로 통하는 관문이었다. 더구나 곧장 한강으로 진출할 수 있는 전략적
요충지였다. 신라와의 전쟁에서 번번이 패배한 창왕이 공격을 결정

주군은 한강으로 진입하는 관문이었다.

하기는 쉽지 않았을 것이다. 전쟁을 말리는 원로대신들을 설득하고 백제군의 실추된 사기를 고양시키는 일이 무엇보다 급선무였다. 그렇다면 창왕은 577년 2월, 신라에 대한 이 공격을 앞두고 왕흥사 사리함을 봉안한 것은 아닐까?

주경미 교수는 창왕의 사리봉안이 신앙적인 차원에서 신심을 표현한 것이라고 단순히 해석할 수도 있지만, 민심을 수습하기 위한 정치적 목적을 내포하고 있다고 해석하는 것이 더 타당하다고 말한다. 이도학 교수 역시 "전쟁터에서 전몰한 왕자를 위한 사리탑을 조성한다면 백제 주민들의 마음이 하나로 결집될 수 있었을 것이다. '우리도 전쟁터에서 순국한 왕자처럼 신라를 응징해야겠다' 는 각오랄까 결의가 생기지 않았겠는가. 이것이 가시적인 목탑 조성을 통해서 확립되었을 것"이라고 분석한다.

그로부터 8개월 뒤, 신라를 침략한 백제군은 비봉산을 넘어 선산 일대까지 진출한다. 지금도 정상에 올라서면 굽이굽이 흘러가는 낙동강 줄기가 한눈에 들어올 정도로 비봉산은 요새 중의 요새다. 잃어버린 땅을 되찾아야 하는 창왕의 백제군도, 지켜야 하는 신라군도 한 치의 양보가 없는 혈전일 수밖에 없었다.

김병남 국가기록원 학예연구사는 이 전쟁이 "위덕왕 9년(562)에 신라 서쪽 변경을 약탈하였던 것과는 달리 신라 주군을 침략하였다고

비봉산과 산 밑을 흐르는 낙동강 줄기.

기록되어 있고, 마지막 전투가 있었던 일선 쪽 전투 기록에서 사상자가 3700명이 나오는 것을 보면 양쪽에서 동원한 군사력도 굉장하였을 것"이라고 추측한다.

전투에서 승리를 좌우하는 것은 성능 좋은 무기와 병사들의 자신감이다. 태자 시절부터 전장을 누비고 다녔던 창왕은 이 사실을 누구보다 잘 알고 있었다. 오랜 세월 절치부심 준비해온 신라와의 결전을 앞두고 진행된 사리봉안식에는 당연히 온 나라 백성들의 눈과 귀가 쏠렸을 것이다. 창왕은 바로 그 자리에서 '신화위삼'의 사리 기적이 일어났음을 알린다. 부처의 신통력이 백제를 돕고 있다는 걸 백성들에게 보여준 것이다. 아버지 성왕의 오랜 꿈이자 창왕이 일생을 걸었던 불교적 이상국가 건설. 그 꿈을 이루기 위한 창왕의 노력은 우리가 상상조차 하지 못한 형태로 남아 있었다.

일본에 불교문화를 꽃피우다

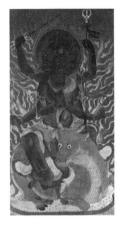

〈대위덕명왕상〉, 일본 헤이안 시대, 미국 보스턴박물관 소장.

창왕의 시호는 위덕왕이다. 불교에서 위덕명왕(威德明王)은 중생의 번뇌를 없애주는 오대명왕 중 한 명이며, 창왕의 시호가 바로 그 위덕명왕이다. 《일본서기》에는 우리 문헌에는 없는 창왕의 그러한 면모가 잘 나타나 있다. 왕흥사 사리함을 봉안한 위덕왕 24년(577), 창왕이 불법 전문가인 율사(律師)와 비구니(比丘尼), 불상을 만드는 장인인 조불공(造佛工), 절을 만드는 장인 조사공(造寺工) 등을 오사카에 파견했다는 기록이 남아 있다.

백제 위덕왕 24년 11월, 백제국왕은 경론 약천권, 선사, 율사, 비구니, 주금사, 조불공, 조사공 6인을 난파(오사카)에 보냈다. ─《일본서기》민달천황조

577년에 위덕왕이 조불공을 일본 오사카에 파견했다는 《일본서기》의 기록.

과거와 현재가 공존하는 일본 오사카 도심 곳곳에는 백제 창왕이 파견한 사절단의 흔적이 남아 있다. 사천왕사(四天王寺, 시텐노지 · 593년 설립)는 오사카에서 가장 오래된 유서 깊은 사찰이다. 경내에 들어서면 5층 목탑이 우뚝 솟아 있고 금당과 강당이 일직선상에 배치되어 있다. 전형적인 백세가람 양식이다. 5층 목탑도 백제탑 양식이다.

〈사천왕사 어수선연기〉에는 그 내력이 자세히 실려 있다. 사천왕사는 창왕이 파견한 백제 불교 전문가들이 세우고 머문 사찰이었다. 사천왕사 옆에 자리한 곤고구미(金剛組)는 당시 창왕이 파견한 백제 기술자의 후손이 운영하는 불교건축 전문기업이며 578년에 창업한, 세계에서 가장 오래된 기업이다.

일본 오사카의 사천왕사 입구.

하루도 빠짐없이 예불을 드리는 곤고 도시미츠 씨는 당시 창왕이 파견한 조불공의 39대손이다. 그의 선조는 쇼토쿠 태자의 요청으로 백제에서 건너왔다. 이후 그의 가문은 1400여 년 동안 사천왕사를 보수하고 관리하며 곤고구미를 운영했다.

백제가람 양식으로 지어진 사천왕사의 금당, 강당과 5층 목탑.

곤고구미의 족보는 5미터가 넘는다. 족보에는 당시 창왕이 파견한 백제의 사찰 건축가들

〈사천왕사 어수선연기〉에 실린 사천왕사의 내력.

이름도 적혀 있다. 곤고 씨는 "백제에서 곤고(金剛), 하야미즈(速水), 나가미치(長禮) 이렇게 세 명의 목수를 불러와서 사천왕사를 건립했

불교건축 전문기업 곤고구미. 백제 조불공의 39대손 곤고 도시미츠 씨가 예불을 드리고 있다.

1430년 동안 이어져온
곤고구미의 족보.

다. 그 후에 초대 곤고 시게미츠(金剛重光, 한국명 柳重光)를 남긴 것이
일가의 시작"이라고 설명한다.

사천왕사를 보수하고 개축할 때마다 만들어온 곤고구미의 설계도
에는 창왕 시대의 백제 사찰 건축술이 그대로 남아 있다. 창왕 시대
의 전통기술을 버리지 않은 것이다. 그것이 곤고구미의 철칙이었다.
본 건물을 짓기 전에 먼저 축소모형을 만들어 테스트하는 것도 창왕
시대부터 전해온 방식이다. 기계와 금속은 절대로 사용하지 않는다.
창왕이 백제 사찰 건축가들을 파견했을 때 그 기술 그대로 유지하고
있는 것이다. 철저한 기업정신 때문에 일본에선 "곤고구미가 흔들리
면 일본 열도가 흔들린다"는 말이 있었을 정도로, 이 오래된 기업에

대한 국민들의 애정도 남달랐다.

그러나 오랜 세월 동안 창왕 시대의 백제 사찰 건축 양식을 지켜내기란 결코 쉬운 일은 아니었다. 1868년 메이지 유신의 일환으로 사천왕사를 관리하며 받던 봉록이 끊기고 공사 수주량도 급격히 감소하여 곤고구미는 쇠퇴의 길로 접어들게 되었다. 1934년에는 곤궁함이 극에 달하자 37대 당주(곤고 하루카즈)가 조상들께 사죄하기 위해 죽음을 선택하기도 했다.

곤고구미의 사천왕사 설계도면.

제2차 세계대전 후 재건사업에 의한 건설 붐 가운데, 전통적 사찰 건축에 철근 콘크리트를 조화시킨 공법으로 각광을 받아 다시 일어서는 듯하였으나, 2006년 7월, 경영난을 이기지 못하고 곤고구미는 파산하고 말았다. 곤고 가문이 경영하는 곤고구미는 문을 닫고, 다카마쓰(高松) 건설 산하의 신 곤고구미에 영업을 양도한 것이다. 현재 상

본 건물을 짓기 전에 도면대로 만들어 테스트하는 5분의 1 사이즈 축소모형.

곤고구미 건축물의 정교한 이음새. 기계와 금속을 사용하지 않는다.

시 인원 약 110여 명의 건축 장인들에 의해 신 곤고구미라는 이름으로 전통과 명맥을 이어오면서, 전통적 공법에 현대적 공법을 결부시키는 다양한 시도를 하고 있다.

그리운 아버지의 얼굴이 관음보살로 나타나다

유네스코세계문화유산으로 등재된 법륭사(法隆寺, 호류지 · 601~607년 창건)에도 창왕의 자취가 남아 있다. 법륭사의 각종 건축물뿐만 아니라 그 안에 모셔진 불상들도 대부분 일본의 국보급 유물이다. 불상들이 즐비한 법륭사 금당(金堂)은 박물관을 방불케 한다. 그중에는 백제관음상(百濟觀音像)도 있다. 2.8미터에 이르는 큰 키에 가냘픈 몸매. 나무로 만든 이 불상은 세계인들이 극찬하는 예술품이다. '동양의 비너스'로

일본 나라현의 법륭사.

백제관음상(오른쪽)을 위시하여 수많은 국보급 불상들이 모셔져 있다.

구세관음상이 모셔진
법륭사 몽전.

불리는 백제관음상은 백제에서 만들어
법륭사에 보낸 것으로 추정되고 있다.
그래서 이름도 백제관음상이다.

구세관음상. 사람의 모습을 하고 있다.

법륭사에서 창왕의 고뇌에 찬 숨결
이 가장 짙게 남아 있는 곳은 일 년에
두 차례만 개방되는 몽전(夢殿)이다.
봄과 가을에 각각 한 달씩 일반인에게
공개되는 몽전에는 특별한 불상이 모셔져 있다. 나무를 깎아서 조각
한 뒤 금박을 입혀서 만든 구세관음상(救世觀音像)이다.

관음상의 키는 180센티미터, 사람의 신체와 같은 크기로 만든 등신
상이다. 그런데 자세히 들여다보면 부처가 아닌 사람의 모습을 하고
있다. 화려한 보관 아래로 흘러내린 긴 머리카락이 조각되어 있다.
얼굴도 표정도 사람의 형상을 한 구세관음상은 누구를 모델로 삼은
것일까?

미국의 동양사학자 페놀로사.

이노쿠마 가네카츠 교토다치바나여대 교수는 100년 전에 페놀로사(Ernest Francisco Fenollosa · 1853~1908)와 오카쿠라 텐신(岡倉天心 · 1862~1913)이 구세관음상을 발견하여 큰 감동을 불러일으켰는데, 법륭사는 쇼토쿠 태자와 관계가 깊어 일본에서는 쇼토쿠 태자의 모습을 그대로 조각한 것이라고 알려져 있다고 설명한다.

하지만 19세기 일본정부의 위탁으로 법륭사의 문화재를 조사한 페놀로사의 《동아미술사강》엔 전혀 다른 사실이 실려 있다. 구세관음상은 스이코 천황 때 조선, 즉 백제에서 수입해 왔다는 것이다.

> 조각상은 500야드 길이의 무명천으로 감싸 있었다. ……서기 590년경에 백제에서 왕후에게 보내왔다. ─《동아미술사강》, 1912년

기록에 의하면 페놀로사가 일본의 문화재를 연구하기 위해 법륭사 몽전을 방문했는데, 열쇠가 채워져 있고 녹이 슬어 있었다고 한다. 심지어 법륭사의 스님들은 "여기에는 그 옛날 조선에서 건너온 불상을 모셔놓고 있는데 몇 백 년 동안 열어보지 않았다. 잘못 열면 지진이 일어나고 불이 난다"며 도망가버렸다. 페놀로사는 몽전의 문을 강제로 열었고, 그 안에서는 천으로 싼 182센티미터 정도의 아주 아름다운 목조관음보살이 나왔다.

옥충주자와 이상하리만큼 키가 큰 목조관음상(구세관음살)은 조선 미술의 위대한 보물이다.

—《동아미술사강》, 1912년

《성예초》의 구세관음상 기록.

15세기 법륭사 스님이었던 성예(聖譽)가 남긴 《성예초》에는 보다 구체적인 증언이 실려 있었다.

위덕왕이 부왕을 연모해서 나타난 존상이 곧 구세관음상이다. —《성예초》

법륭사 스님이었던 성예의 기록은 구세관음상에 대해, 백제 위덕왕이 아버지 성왕을 연모하여 만든 불상이라고 전한다. 사람의 모습을 띈 구세관음상의 얼굴. 그것은 관산성 전투에서 창을 격려하러 나섰다가 참혹하게 숨진 성왕의 모습이었던 것이다.

성왕은 불법을 백제중흥의 구심점으로 삼았다. 태자 시절부터 창에게 아버지의 길은 곧 자신의 길이었다. 그 길은 바다 건너 왜에도 닿아 있었다. 《일본서기》엔 성왕이 처음으로 왜에 불교문명을 전하며 '만고의 법 중에서 최고의 법'이라고 소개했다고 실려 있다.

관산성 전투의 참패로 못다 이룬 아버지의 꿈은 창왕이 반드시 이루어야 할 꿈이었다. 창왕은 왕흥사 사리함을 봉안한 후 본격적으로 대일본 외교에 나섰다. 《일본서기》에는 창왕이 577년 이후 계속해서

대별왕사 터에서 발견된 백제 기와 문양들.

불교사절단을 일본에 파견한 것으로 나온다. 외교정책의 일대 전환이었다. 양기석 교수는 중국이 북주에 의해 통일되다 보니 중국 외교에 몰두하던 위덕왕 역시 나름대로 반성을 했을 것이라며, 오히려 과거처럼 왜까지 아우르는 외교 시스템으로 가는 것이 국가의 이익과 자신의 집권 3기를 만족시키는 수단이 되었을 것이라고 분석한다.

오사카에는 창왕이 파견한 첫 불교사절단이 도착해서 남긴 유적이 있다. 지금은 주춧돌만 남아 있는 대별왕사(大別王寺, 오베시오우치·577년 건립). 당시 백제의 불교사절단이 세운 대별왕사는 창왕의 대일본 문화외교의 센터로 일본 고대문명에 막대한 영향을 끼쳤다. 이

일본 아스카 불교문명의 산실인 나라현.

노쿠마 교수는 대별왕사에 대해 "단순히 절이 하나 생긴 것이 아니라 새로운 문화가 생긴 것"이라고 평가하면서, 그것은 종교 센터이자 동시에 이국 문화 센터였으며 일본인들은 처음 접하는 것이었다고 설명한다.

나라현(奈良縣)은 일본이 고대국가로 도약한 아스카(飛鳥) 불교문명의 산실이다. 그 출발점에 백제 창왕이 보내온 사리의 봉안식이 있었다. 일본 최초의 국가 사찰이자

일본 최초의 사찰인 나라현의 비조사. 593년에 백제 창왕이 보낸 사리를 봉안한 곳에 나무 표식이 있다.

백제 사찰 기술로 만들어진 비조사(飛鳥寺, 아스카데라)에 그 자취가 남

창왕이 보낸 사리를 받든 비조사의 돌 무대 무덤과 돌 계단.

아 있다. 비조사 사리탑 유적의 안내문은 백제 창왕이 593년에 사리
를 보냈다고 전한다.

일본의 불교역사서인 《부상략기扶桑略記》에는 비조사 사리봉안식 풍
경이 자세히 실려 있다. 백여 명의 대신이 백제 옷을 입고 창왕이 전
한 사리를 맞이했다고 한다. 사리봉안 행렬이 출발한 곳은 당시 유력
한 대신 소가노 우마코(蘇我馬子)의 저택이다. 먼저 화려하게 장식한
네 대의 수레가 앞서고, 이어 백제 옷을 입은 백여 명의 대신들이 긴
행렬을 이루며 뒤따랐다. 비조사에서는 스이코 천황과 쇼토쿠 태자가
사리를 맞이할 준비를 하고 있었다. 일본 최초의 절의 시절이었다.

백제는 물론 일본까지도 불국토로 만들고자 했던 성왕의 못다 이
룬 간절한 꿈을 창왕이 아스카 불교문명으로 이끈 것이다. 한때 스님
이 되려 할 만큼 비운을 겪은 창왕이었다. 그런 창왕이 문명의 전파
사로 기억될 수 있었던 것은 다시 일어서기 위한 재기의 노력이 만든
결과가 아니었을까.

왕흥사 사리탑은 불국토 프로젝트의 완성

사비성 너머 백마강을 거슬러 올라가면 창왕의 역사를 간직해온 왕흥사 터가 나온다. 창왕이 세운 사리탑의 규모는 발굴된 목탑지로 추정이 가능한데, 20미터 높이의 거대한 목탑이었을 것이다. 백제가람 양식을 기준으로 삼으면, 창왕이 세운 왕흥사 역시 사리탑 뒤로 금당과 강당을 일직선상에 조성했을 것이다.

그런데 왕흥사 발굴이 진행되면서 그 동안 국내 사찰에서는 발견된적이 없는 독특한 시설이 확인됐다. 사찰의 중심축으로 이어지는 너비 13미터 규모의 도로 시설이었다. 창왕이 왕흥사에 행차할 때 지나다닌 것으로 보이는 어도(御道)가 백마강까지 이어져 있었던 것으로보인다. 《삼국사기》에는 왕흥사가 완공된 이후 백제왕들이 매번 배를

옛 사비성 터를 흐르는 백마강.

왕흥사 어도 발굴지(위). 컴퓨터그래픽으로 재현한 어도(아래).

타고 와서 행향(行香)이라는 특별한 의식을 거행했다고 기록되어 있다. 왕이 직접 향을 피워 올리는 왕흥사의 행향의식은 국가적인 행사였다.

　이상한 점은 왕흥사의 위치다. 왜 하필이면 사비성 밖에, 그것도 백마강 너머에 왕흥사를 세운 걸까? 백제가 수도를 사비로 옮긴 것은 538년, 사비성은 성왕이 설계하고 건설한 도시였다. 당시 열여섯 살이었던 창은 아버지 성왕이 사비성에 담고자 했던 백제중흥의 꿈과 이상을 지켜보았다. 성왕은 잃어버린 고토를 되찾겠다는 간절한 염원을 수도 건설에 담아, 옛 부여의 행정단위인 5부 도시(百濟五部)로 건설했다. 그것은 백제의 뿌리를 고구려가 아닌 옛 부여에서 찾겠다는 선언이었다.

부여 시가지로 본 사비성의 5부 도시.

그리고 성왕의 사비성 건설 프로젝트의 중심에는 정림사(定林寺)가 있었다. 부여에 남아 있는 정림사지오층석탑(국보 제9호)은

부여 정림사지오층석탑.

당시 사비성의 모습을 간직하고 있는 유적이다. 그런데 정림사탑이 바라보는 방향은 정확한 북쪽이다. 성왕이 전사한 뒤 사비성 건설 프로젝트를 이어받은 창왕은 한강 유역을 향해 세워진 정림사를 중심으로 사비성 밖의 동북쪽에는 능산리 사찰을, 그 서북쪽에는 왕흥사를 세운다.

이도학 교수는 창왕이 사찰들을 조성함으로써 백제 국민들의 사기를 진작시키고 왕실의 위상을 높이는 길을 모색했다며, 사리함 명문

사비성의 정림사를 중심으로 한 능산리 사찰과 왕흥사.

의 내용을 보아도 위덕왕이 호국하고 왕실의 위상을 높이기 위한 여러 조치를 취했음을 알 수 있다고 설명한다.

창왕이 백마강을 거슬러 오고 간 왕흥사는 신라에 빼앗긴 한강 유역으로 가는 길목이었다. 왕흥사는 아버지 성왕이 시작한 사비성 불국토 프로젝트를 완성하는 거점이었으며, 신라와의 전투에서 참혹하게 죽어간 아버지 성왕과 창왕의 아들로 이어진 삼대의 꿈이었다. 창왕은 왕흥사 사리함에 반드시 그 꿈을 이루겠다는 눈물어린 다짐을 새겨두었던 것이다.

좌절과 시련의 연속이었던 창왕의 일생. 마지막 눈을 감는 순간 창왕의 마음에 남은 것은 백제를 불국토로 중흥시키겠다는 꿈이 아니었을까? 어쩌면 그 꿈은 아버지 성왕의 비참한 최후를 지켜드리지 못한 불효를 씻고 아들마저 빼앗기면서 다짐한, 반드시 이루어야 할 자신과의 약속이었는지도 모른다.

우리는 1400년 전 백제 창왕이 남긴 왕흥사 사리함의 발굴로 공백

으로 남아 있던 창왕의 삶을 일부나마 되살릴 수 있었다. 왕흥사 사리
함에 담긴 백제 창왕의 눈물은 잃어버린 한반도의 고대사, 미완의 역
사를 완성해나가는 것이 우리 시대의 과제라고 말하고 있는 것 같다.

한국사傳 4

4

고구려의 제9대 왕인 고국천왕의 갑작스러운 죽음!

남편의 죽음을 숨긴 채 왕후는 어디론가 떠난다.

그녀는 두 명의 시동생과

고구려의 운명을 건 하룻밤의 거래를 하는데…….

그리고 그날 밤,

고구려의 역사가 바뀌었다.

두 번 고구려의 왕후가 되다
─ 우씨 왕후

서기 197년, 고구려의 왕자가 반란을 일으켰다.
그는 동생에게 왕위를 빼앗겼다고 주장했다.
그리고 한 여자를 배후로 지목했다.
왕자들의 형수 우씨.
그녀는 고구려의 왕후였으며,
왕을 능가하는 고구려의 지배자였다.
우씨는 왜 시동생들의 왕위 다툼에 끼어든 것일까?

한 몸으로 두 번 국모가 되다

중국 지린성(吉林省) 지안현(集安縣) 퉁거우(通溝) 계곡에는 고구려의 무덤 1만 2000여 기가 남아 있는 세계 최대 규모의 고분군이 위치해 있다. 그리고 왕릉급 무덤이 즐비한 퉁거우 계곡의 끝자락에 있는 환도산(丸都山)에는 고구려의 성이 남아 있다. 자연 능선을 따라 돌을 층층

중국 퉁거우 계곡의 고구려 무덤군.

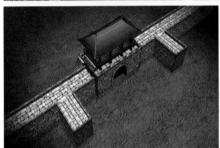

환도산성은 아래부터 위까지 사방을 둘러 벽을 쌓았는데 북쪽이 높고 남쪽은 낮았다. 6개의 성문이 있었는데 그중 하나가 남문이다. 컴퓨터그래픽으로 재현한 남문의 모습.

환도산성의 성벽은 기단 부분부터 조금씩 들어가게 쌓아 올려 견고했다.

이 쌓아 올린 성벽이 약 7킬로미터에 걸쳐 이어진다. 성 뒤로는 가파른 산이, 앞으로는 강이 흐르는 천혜의 요새였다.

고구려인들은 외부의 침략 위험이 높은 남문(南門)에 'ㄷ'자 형의 방어 기지를 구축했다. 이는 유사시 적을 3면에서 포위, 공격하는 고구려 특유의 방어 전략이다. 성벽은 기단 부분부터 조금씩 들어가게 쌓아 올려 견고함과 안정성을 높였다. 환도산성(유네스코 세계문화유산)은 해발 600미터 고지대에 구축한, 고구려의 기술과 전략의 집약체였다.

《삼국사기》는 이 성에 얽힌 한 여인의 이야기를 전하고 있다. 그녀는 우씨(于氏 · 재위 180~227), 고구려 10대 왕인 산상왕(山上王 · 재위 197~227)의 부인이었다. 234년 9월, 우씨는 임종을 맞고 있었다. 고구려의 왕후로 50여 년을 살았던 여인은 죽기 직전 주변 사람들에게 한 가지 부탁을 한다. 7년 전 죽은 남편 산상왕 곁에 묻어달라는 것이었다.

> 내가 바르지 못한 행동을 하였으니 앞으로 지하에서 무슨 면목으로 국양(國壤: 고국천왕)을 뵈올 것인가? 여러 신하들이 만약 차마 (나를) 구렁텅이에 떨어뜨리지 않으려거든 나를 산상왕릉 곁에 묻어주기 바란다.
> —《삼국사기》 17권 동천왕 8년

환도산성 서쪽에 위치한 마선구 칠성산 중턱에는 너비 40미터, 높

마선구 칠성산 중턱에 위치한 마선구 626호묘. 산상왕릉으로 추정된다.

이 7미터의 거대한 돌무더기가 있다. 마선묘구(麻線墓區) 626호묘다. 조사 결과, 이곳은 시신 위에 돌을 쌓아 만든 돌무지무덤으로 밝혀졌다. 왕후 우씨가 살았던 2~3세기 고구려의 무덤 양식과 일치한다. 무덤의 가운데에서는 시신이 놓였던 곳으로 보이는 장소가 발견됐다. 주변엔 고구려 특유의 붉은 기와, 철로 만든 못과 화살촉이 흩어져 있었다. 무덤의 규모와 부장품으로 보아 왕릉급 무덤으로 추정된다.

임기환 서울교대 사회과교육과 교수는 '산상(山上)'이라는 입지를 생각해볼 때 마선묘구 626호가 가장 유력한 산상왕릉의 후보일 것이라고 추정한다. 고구려 왕들의 시호는 장지명(葬地名)으로, 무덤의 위치에 따라 동천왕(東川王), 중천왕(中川王), 서천왕(西川王) 등으로 불렀다. 산상왕 역시 산 위에 무덤을 써서 산상왕이라는 시호를 얻었다. 626호묘는 축조 시기와 방법, 시호와 능의 위치까지 산상왕의 것과 일치하는 것으로 나타났다.

626호묘에서 출토된 기왓조각과 철못, 철화살촉.

그런데 이 무덤엔 왕만 묻힌 것이 아니었다. 시신이 있었던 곳으로 보이는 또 다른 흔적이 발견됐다. 우씨가 유언대로 남편 곁에 묻힌 것이다. 왕후의 장례를 치른 후 고구려엔 이상한 일이 생겼다. 무당의 꿈에 한 혼령이 나타나 우씨를 비난했다.

"어제 우씨가 산상(왕)에게 돌아가는 것을 보고는 분을 참을 수 없어 마침내 우씨와 다투었다. 내가 돌아와 생각하니 낮이 아무리 두꺼워도 부끄러

워 차마 백성들을 대할 수가 없구나. 네가 조정에 알려, 물건으로 나를 가리
게 하라." 이리하여 능 앞에 소나무를 일곱 겹으로 심었다.

—《삼국사기》17권 동천왕 8년

그는 우씨의 남편인 산상왕에 앞선 고국천왕(故國川王 · 재위
179~197)이었다. 고국천왕은 왜 남편 곁에 묻힌 우씨를 그토록 비난
했던 것일까?

《동국통감東國通鑑》은 조선 초기에 왕명으로 편찬된 역사서이다. 역
사적 사실을 기록한 부분과 그 부분에 대한 논평으로 구성돼 있는데,
우씨에 대한 평가를 보면 '그 행위가 돼지보다 심하다', '방자하게
행위하고 간음했다'고 비판하는 대목이 나온다. 우씨가 이런 비난을
받은 이유는 고국천왕과의 남다른 인연 때문이다.

고국천왕 2년 봄 2월에 왕비 우씨를 왕후로 삼았다. —《동국통감》

우씨는 한때 고국천왕의 부인이었다. 고구려 제9대 왕인 고국천왕
과 결혼해 17년 동안 왕후로 살았던 그녀는 고국천왕이 사망하자, 차
기 왕인 산상왕과 재혼했다. 우씨는 한 몸으로 두 번 왕후가 된 역사
상 유일한 여성이었다. 그리고 그것은 사상 최대의 스캔들이었다.

왕후가 차기 왕과 재혼을 하다니, 어떻게 이런 일이 가능했을까?
이 사건의 배경엔 우리가 잘 몰랐던 초기 고구려의 모습이 생생하게
담겨 있다.

한국사傳 4 ─ 두 번 고구려의 왕후가 되다 ─ 우씨 왕후

고국천왕의 개혁과 우씨 집안의 몰락

고구려의 두 번째 수도이자 가장 오랜 수도였던 중국 지린성 지안현은 과거와 현재가 공존하는 도시다. 시내 곳곳에 걸린 한국어 간판들은 1800년이 지나도 남아 있는 한민족의 흔적을 느끼게 한다. 지안현 주택가의 한 아파트 단지 앞엔 거대한 성벽이 있다. 유네스코 세계문화유산으로 지정된 고구려의 수도, 국내성(國內城)이다. 총 둘레 2700미터의 거대한 성. 고구려 700년 역사 중 400년이 바로 이곳을 중심으로 펼쳐졌다. 서기 180년, 고국천왕은 이 성에서 우씨를 왕후로 삼았다.

그녀는 '연나(椽那)'라는 부족의 딸이었다. 초기 고구려는 우씨의

지안현 곳곳에서 볼 수 있는 한국어 간판들.

연나부를 비롯한 다섯 개의 부족이 함께 이끌어가는 연맹체 국가였다. 그중 왕족인 계루부(桂婁部)는 주로 연나부의 여자들을 왕비로 맞았다. 정략결혼을 통해 일종의 공동정권을 세운 것이다. 고구려 초기에는 다섯 개 부족이 균등하게 권력을 행사했으나, 차츰 왕실과 왕실의 파트너인 왕비를 배출하는 두 개의 부족에 힘이 집중되었다. 특히 고국천왕 당시 연나부는 왕후를 배경으로 막강한 권세를 누렸다.

지안현에 남아 있는 고구려의 수도 국내성의 성
벽이 아파트 건물 앞에 서 있다.

　차츰 연나부의 힘이 왕실인 계루부를 능가하자 고국천왕은 연나부
를 치기 위해 비밀리에 일을 꾸몄다. 그런데 이를 눈치 챈 연나부가
반란을 일으켰고, 왕은 직접 군사를 몰고 가서 이들을 제압했다. 친
정 가문의 갑작스런 몰락은 왕후 우씨에게 위기였다.

　반란을 제압한 고국천왕은 왕권을 강화할 근본적인 해결책을 모색
한다. 왕에겐 귀족 출신이 아닌 새로운 인물이 필요했고, 압록강 서
쪽의 작은 마을에 사는 한 농부, 을파소(乙巴素 · ?~203)를 발탁했다.
실로 파격적인 인사였다. 고국천왕은 을파소를 국상(國相), 즉 오늘날

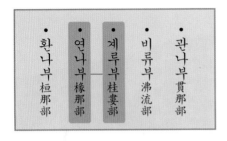

의 국무총리직에 임명했다. 농부 출신으로 백성들의 처지를 누구보다 잘 알고 있던 을파소는 대대적인 민생안정 정책을 실시했다. 춘궁기에 관의 곡식을 빌려주고 추수가 끝난 뒤 되갚게 하는 우리 민족 최초의 사회보장제도, 진대법(賑貸法)을 시행한 것이다.

> 서울과 지방의 담당 관청에 명하여 홀아비, 과부, 고아, 자식 없는 늙은이, 늙어 병들고 가난하여 스스로 살 수 없는 자들을 널리 찾아 구휼하게 하였다. (또) 담당 관청에 명하여 매년 봄 3월부터 7월까지, 관의 곡식을 내어 백성의 가구의 다소에 따라 차등 있게 진휼 대여하게 하고, 10월에 이르러 갚게 하는 것을 항례(恒例)로 삼았다. 서울과 지방에서 크게 기뻐하였다.
>
> ─《삼국사기》 16권 고국천왕 16년

진대법의 등장으로 가난한 백성들은 더 이상 귀족들의 노비로 전락하지 않게 되었고, 결과적으로 이는 귀족들의 힘을 약화시켰다. 고국천왕의 궁극적인 뜻은 계루부 단독 정권을 세우겠다는 것이었다. 귀족들의 불만은 최고조에 달했다. 동북아역사재단의 금경숙 박사는 고국천왕이 진대법을 이용해 그동안 국내성을 중심으로 세력을 축적하고 있던 여타 부족의 외척과 귀족세력을 견제하고자 했다고 설명한다.

남편이 죽은 그 밤, 시동생과 정혼하다

197년 5월, 왕권 강화를 추진하던 고국천왕이 사망했다. 국가적 위기였다. 본래 왕후는 왕의 국정 파트너로서 정권의 한 축을 담당하고 있었다. 그러나 귀족들의 전횡이 심해지고 왕이 이를 제압하자, 왕후와 그 부족은 위기에 내몰렸다. 그런 의미에서 고국천왕의 죽음은 새로운 국면의 시작이었다.

> 여름 5월에 왕이 죽었다. 고국천원(故國川原)에 장사지내고, 왕호를 고국천
> 왕이라고 하였다. —《삼국사기》 16권 고국천왕 19년

왕에겐 후계자가 없었다. 자칫 큰 혼란이 일어날 수도 있었다. 왕후는 왕의 죽음을 비밀에 부치고, 밤이 되자 몰래 궁전을 빠져 나왔다. 남편의 죽음을 비밀에 부치고 밤길을 나선 우씨는 무엇을 하려 했던 것일까?

우씨가 아들을 낳지 못해, 왕에게는 아들이 없었다.

국내성 서쪽 약 1킬로미터 지점에 위치한 타이왕(太王)진 민주(民主)마을에서 왕후의 행적을 짚어볼 수 있다. 몇 년 전 이곳에서 고구려 시대의 것으로 추정되는 유적이 발견됐다. 사람의 키를 훌쩍 넘는 돌기둥이다. 화강암으로 만들어진 기둥의 높이는 3미터이며, 아래로 갈수록 넓어지는 사다리 모양이다. 돌기둥 일대의 흙을 걷어내자 건물과 담을 짓기 위해 기초를 다진 흔적이 드러났다. 발굴 결과, 이 일대는 3600평방미터의 넓이에 3개의

민주마을에서 발견된
화강암 기둥.

대형건물이 있던 주거지역이었다(민주유적). 유적에서 발견된 2중으
로 쌓은 8각 주춧돌은 최고급 건물에서만 사용하는 것이었다.

최종택 고려대 고고미술사학과 교수는 "일반적인 고구려의 주거형
건축은 규모도 작고 온돌 하나만 있는 정도인데, 회랑(回廊)으로 둘러
져 있고 띠 기초를 한 아주 정교한 모양새로 보아 품격 높은 인물의
집이 분명하다"고 설명한다. 또 용도에 대해서는 "국내성 밖에 있다
는 점, 그리고 사찰이라고 하기엔 고구려의 가람 배치와 다르다는 점
으로 볼 때 일반 민가는 아니면서 품격 높은 성 외곽의 건물이었을
것"이라고 말한다. 즉 국내성 밖에 거주하던 왕족이나 귀족들의 거주
지였다는 것이다.

왕이 죽던 그날 밤, 왕후는 성을 나와 귀족들이 사는 마을로 갔다.
그리고 한 남자를 만났다. 그의 이름은 발기(發岐), 고국천왕의 동생
이자 차기 왕위 계승자였다. 김용만 소장은 우씨 왕후가 고국천왕의
죽음을 자신과 부족을 위한 운명의 갈림길로 생각하고, 정치적인 대
협상을 하기 위해 왕의 동생을 찾아간 것이라고 해석한다. 우씨는 왕

고구려 귀족들의 주거지로
추정되는 민주유적지.

민주유적에서 발견된
팔각 주춧돌들.

　의 죽음을 숨긴 채, 발기에게 새로운 정권 수립의 가능성을 타진했다. 그러나 왕위 계승자의 반응은 냉담했다.

　왕이 죽은 사실을 몰랐던 발기는 "하늘의 운수는 돌아가는 데가 있으므로 가볍게 의논할 수 없습니다"라며 형수의 제안을 물리쳤다. 어차피 왕위는 자신의 것이란 뜻이었다. 동북아역사재단 김현숙 박사는 발기가 왕위 계승 1순위였으니 굳이 제의를 받아들여 왕후와 결탁할 필요는 없었다고 설명한다. 그리고 발기는 형수에게 치명적인 한마디를 던졌다.

하물며 부인이 밤에 다니는 것을 어떻게 예(禮)라고 할 수 있겠습니까?

─《삼국사기》 16권 산상왕 즉위년

왕후는 치욕적인 상처만 안고 돌아서야 했다. 왕위를 대가로 자신의 입지를 보장받으려 했으나, 시동생은 형수의 제의를 단호히 거절했을 뿐만 아니라 인간적인 모욕까지 서슴지 않았다. 상황은 더 나빠졌다. 만약 발기가 왕위 계승 운운한 그녀의 말을 문제 삼는다면 반역자로 몰릴 수도 있었다. 그날 밤, 왕후는 궁으로 돌아가지 않고 또 다른 남자를 만나러 갔다.

대왕이 돌아가셨으나 아들이 없으므로 발기가 큰 동생으로 마땅히 뒤를 이어야 하겠으나, 그는 나에게 딴 마음이 있다고 생각했는지 오만하고 무례하였습니다. 그래서 아주버님께 온 것입니다. ─《삼국사기》 16권 산상왕 즉위년

아주버님, 그는 또 한 명의 시동생이었다. 왕에게는 세 명의 동생이 있었다. 왕위 계승권자 발기가 첫째 동생이었고, 왕후가 두 번째로 찾아간 연우(延優)는 둘째 동생이었다. 이번엔 그녀도 승부수를 던졌다. 고국천왕의 죽음을 알린 것이다. 당시 발기는 이미 권력을 가지고 왕이 될 수 있었지만 연우의 위치는 그렇지 못했다. 따라서 우씨 왕후와 손을 잡는 것은 연우에게 필연적이었고, 이를 알고 있던 우씨 왕후 역시 자기의 카드를 다 내보인 것이다.

예상했던 대로 연우의 태도는 발기와 달랐다. 극진한 예를 갖추고 직접 고기를 썰어 형수를 대접했다. 그것은 파격이었다. 고구려 사회

고구려 사회에서
손님 접대는
하인들의 몫이었다.

에서 이런 손님 접대는 하인들의 몫이었다. 우씨와의 협상에 응하겠
다는 적극적 의사의 표현이었다.

> 예절을 더욱 극진히 하여 직접 칼을 잡고 고기를 베었다.

—《삼국사기》16권 산상왕 즉위년

익숙지 않은 일이었으므로 연우는 고기를 썰다가 손을 다쳤다. 이
를 본 왕후는 시동생 앞에서 치마끈을 풀었다. 그리고 그 끈으로 연
우의 손가락을 감쌌다. 김용만 소장은 연우가 피를 흘렸다는 것은 두
세력 간이 피로 맺어진 동맹관계가 되었다는 뜻이고, 끈으로 묶었다
는 것은 연우와 우씨 왕후가 하나가 되었다는 표현이라고 해석한다.
그날 밤, 왕후 우씨는 시동생 연우와의 거래에 성공했다. 개인적이면
서 역사적인 동맹의 시작이었다.

자유로운 여성이 살던 나라

국내성 동쪽의 17킬로미터 지점에 위치한 샹지에팡(上解放)촌. 이 마
을 뒷산은 고구려와 깊은 관련이 있다. 산중턱 바위 지대에 '나라 동
쪽에 있는 큰 동굴'이란 뜻을 가진 국동대혈(國東大穴)이 있다. 고구려
사람들은 제천행사인 동맹(東盟)이 열리는 매해 10월이면 이곳의 신
상을 모셔다 압록강변에서 제사를 지냈다. 고구려인들이 모신 신은
여성이었다. 중국의 사서에서는 이 고구려의 여신을 '하백(河伯)의
딸'이라고 적고 있다.

> 나무로 부인상을 깎아 모시는데 대개 하백의 딸이라 한다. —《주서周書》

《삼국사기》는 '하백의 딸'에 대해 좀더 자세히 밝히고 있는데, 그
녀는 유화부인(柳花夫人), 건국시조인 주몽의 어머니였다. 최광식 국

국동대혈.

립중앙박물관 관장은 유화부
인이 주몽을 남쪽으로 피신시
켜주고 여러 곡식의 씨앗을 주
었기 때문에 고구려를 건국하
는 데 중요한 농경 및 생산의
기반이 된 인물이라고 평가한
다. 여성이 수호신인 나라, 고
구려의 여성들은 사회활동에
도 적극적이었다.

지안현 장천 1호분의 벽화. 100명이 넘는 인물들의 모
습이 그려져 있어 고구려인의 생활 풍습을 이해하는 데
귀중한 자료가 된다.

밤이 되면 무리지어 모여서 노는데 신분이 귀하고 천한 것의 구분이 없다.

—《북사北史》

　　제천행사이자 국가 축제이기도 했던 동맹이 열리면 남녀가 한데
어울렸다. 남녀관계도 개방적이었다. 남녀가 자유롭게 만나 교제했
고 마음이 맞으면 결혼했다. 때론 여성이 관계를 주도하기도 했다.
　　전호태 울산대 역사문화학과 교수는 고구려의 벽화를 통해 당시의
풍습을 추측해본다. "쌍영총 벽화에서 절에 공양을 하러 갈 때 부인
이 주도적으로 나서서 주인공처럼 움직이는 모습을 볼 수 있듯 당시
고구려에는 남녀의 차별도 없었고 접촉을 통제하는 특별한 규율도
없었던 것 같다." 결혼 풍습도 간소하고 실용적이었다. 서로 재물이
오가는 것을 수치스러워해 간단한 잔치만 했다.
　　결혼 이후에도 고구려 여성들은 특별한 행동양식을 보였다. 중국

고구려 고분 삼실총 제1실 남벽의 벽화. 귀인 남녀 한 쌍이 앞뒤에 시종을 거느리고 걸어가는 그림이다. 여성과 남성이 동등한 위치로 그려져 있다.

부여에서는 형이 죽으면 형수를 처로 삼았다는 《삼국지》의 기록.

송(宋)나라의 백과사전 《태평어람太平御覽》의 〈위략魏略〉은 고구려에 대한 가장 빠른 기록을 담고 있는데, 여기에 고구려의 독특한 결혼 방식이 기록돼 있다. 형이 죽으면 형수를 부인으로 맞아들이는, 이른바 '형사취수제(兄死娶嫂制)'다. 다른 역사서 《삼국지三國志》의 〈위서동이전魏書東夷傳〉에도 이에 대한 언급이 있다. 형사취수제는 고구려의 원류인 부여시대부터 내려온 고대의 풍습이었다.

(부여에서는) 형이 죽으면 형수를 처로 삼았다. ─ 〈위서동이전〉

한나라와 치열히 싸우며 건국한 고구려. 많은 남자들이 전쟁터에서 죽었고 미망인도 적지 않았다. 노태돈 서울대 국사학과 교수는 고구려의 취수제가 미망인과 어린 자식들을 보호하는 기능을 했다고 평가한다. 일종의 사회보장제도인 셈이다.

　그날 밤, 왕후 우씨는 고구려 사회가 여성에게 허용한 보호 장치를 정치적 수단으로 활용했다. 그리고 연우는 우씨가 형사취수제를 통해 찾은 새로운 국정 파트너였다.

우씨의 새로운 국정 파트너

이제 궁에 돌아갈 시간이 되었다.

> 왕후가 돌아가려 할 때 연우에게 "밤이 깊어서 예기치 못한 일이 있을까 두려우니, 그대가 나를 궁까지 전송해주시오" 하고 말하였다. 연우는 그 말에 따르니 왕후가 손을 잡고 궁으로 들어갔다. ─《삼국사기》 16권 산상왕 즉위년

　그녀에게 적은 많고 시간은 짧았다. 두 사람의 연합은 이날 밤부터 시작됐다. 다음날 새벽, 비로소 우씨는 왕의 죽음을 알렸다. 그리고 고국천왕이 임종 전, 연우를 차기 왕으로 지명했다고 공포했다. 우씨의 거짓말이었다. 뒤늦게 사실을 안 발기는 분노했다.

우씨는 연우에게 왕위를 물려주는
것이 "선왕의 유명이라 거짓말했다."

　다음날 새벽에 (왕후가) 선왕의 명령이라고 사칭하고, 여러 신하들에게 명령

하여 연우를 왕으로 세웠다. 발기가 이것을 듣고 크게 노하여 군사를 동원해서 왕궁을 둘러싸고 소리쳐 말하였다. "형이 죽으면 아우가 잇는 것이 예이다. 너는 차례를 뛰어 넘어 찬탈하였으니 큰 죄이다. 마땅히 빨리 나오너라. 그렇지 않으면 주멸함이 처자식에게까지 미칠 것이다."

—《삼국사기》16권 산상왕 즉위년

찬탈, 그것은 쿠데타였다. 발기는 사흘 동안 성을 포위하고 왕위 계승의 부당함을 주장했다. 그러나 연우와 우씨는 미동도 하지 않았다. 여론도 발기 편이 아니었다. 김현숙 박사는 궁내의 다른 사람들이 아직 왕의 서거를 모르는 상태에서 왕후가 비밀리에 연우와 궁궐로 들어갔기 때문에 선왕의 유언이라고 표방해도 알 수 없는 상황이었다고 설명한다.

결국 발기는 고구려를 떠나 망명길에 올랐다. 그가 찾아간 곳은 중국 랴오닝성(遼寧省)의 랴오양(遼陽). 당시 랴오양은 한나라 요동군의 치소(治所)로, 양평(襄平)이라 불리고 있었다. 발기는 왜 이곳에 온 것일까?

2004년, 랴오양시 외곽에서 20여 기의 무덤이 발견됐다(요양벽화무덤군). 무덤에선 수많은 인물 벽화가 출토됐다. 조사 결과, 한나라 말기에서 삼국시대 초기, 즉 2세기 말에서 3세기 사이 이 지역 지배층의 것으로 밝혀졌다. 그들은 삼국시대를 배경으로 한 역사 소설《삼국지연의》에도 나오는 공손씨(公孫氏) 가문이었다.

당시 공손씨의 수장은 하급 군인 출신으로 요동태수까지 오른 공손도(公孫度 · ?~204)라는 인물이었다. 공손도는 한나라가 망하고 위

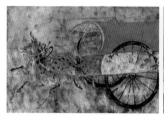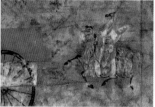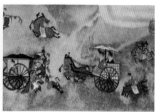

요양벽화무덤군에서 발견된 한, 위시대 벽화.

(魏), 촉(蜀), 오(吳) 3국으로 나뉘자, 요동에 자리를 잡고 사실상의 독립 정권을 세웠다. 당시 고구려와 공손씨 세력은 요동의 패권을 놓고 치열하게 대립하고 있었는데, 고구려의 왕위계승 후보였던 발기가 고구려의 적, 공손씨에게 망명한 것이다.

> 나는 고구려 왕 남무(男武; 고국천왕)의 친동생입니다. 남무가 죽고 아들이 없었는데, 나의 동생 연우가 형수 우씨와 왕위에 오를 것을 공모하여 천륜의 의를 그르쳤습니다. 이 때문에 분하여 상국에 투항해 왔습니다. 엎드려 원컨대 병사 3만을 빌려주어, 그들을 쳐서 난을 평정케 하십시오.
>
> —《삼국사기》 16권 산상왕 즉위년

그는 공손도의 힘으로 왕위를 되찾으려 했다. 그리고 공손도에겐 숙적 고구려를 칠 절호의 기회였다. 공손씨의 군대는 고구려의 왕자를 앞세우고 국내성으로 진격해갔다. 형수의 계략에서 시작된 왕위 다툼은 국가의 운명을 건 전쟁으로 치달은 것이다. 요동의 강자 공손씨와 손잡은 발기가 조국으로 진격해오고 있었다.

중국 랴오닝성 후안런(桓仁)현에는 4면이 모두 100미터 이상의 절

주몽이 세운 오녀산성의 전경과
남아 있는 성벽.

벽으로 둘러싸인 철옹성이 있다. 고구려의 첫 번째 수도였던 오녀산
성(五女山城, 유네스코 세계문화유산)이다. 건국시조 주몽은 외적의 침입
을 막기 위해 험준한 산 위에 성을 쌓았다. 오녀산성을 감싸고 흐르
는 혼(渾)강의 옛 이름은 비류수(沸流水)다. 고구려 다섯 개 부족 중 하
나인 비류부가 이 강을 기반으로 살아갔다.

2세기 말, 비류수 강가에 손님이 찾아왔다. 망명했던 고구려의 왕
자 발기였다. 임기환 교수는 "발기가 비류수로 돌아왔다는 이야기는
왕실 세력이었던 발기가 비류부 세력과 손을 잡았다는 의미"라고 해
석한다. 당시 발기의 반란에 동조한 비류부 사람만 3만 여 명에 이르
렀다. 마침내 발기는 공손도의 군대와 비류부의 연합군을 이끌고 고

오녀산성을 감싸고 흐르던 비류수. 지금의 이름은 혼강이다.

구려를 침공한다.

　그러나 결과는 참패였다. 왕위에 눈이 멀어 조국을 향해 칼을 겨눴던 고구려의 왕자는 이제 돌아갈 곳이 없었다. 막내동생 계수(罽須)의 손에 붙들린 발기는 결국 경솔했던 자신의 결정을 후회하며 스스로 목숨을 끊는다.

　　계수는 형제에 대하여 무정할 수 없어 감히 해치지 못하고 말하였다. "연우
　　가 나라를 양보하지 않은 것은 비록 의가 아니지만, 당신은 한때의 분노로
　　조종(祖宗)의 나라를 멸하려 하였으니 이것이 무슨 뜻입니까? 죽은 후 무슨
　　면목으로 조상들을 뵙겠습니까?" 발기가 그 말을 듣고 부끄럽고 후회스러
　　움을 이기지 못하여 배천(裴川)으로 달아나 스스로 목을 찔러 죽었다.

　　　　　　　　　　　　　　　　　　　　　—《삼국사기》16권 산상왕 즉위년

스스로를 지키는 강한 국가를 세우다

197년 9월, 마침내 우씨는 승리했다. 우씨의 도움으로 왕이 된 산상 왕은 다른 부인을 얻지 않고 형수 우씨와 결혼했다. 그렇게 해서 우 씨는 다시 고구려의 왕후가 되었다.

> 우씨 때문에 왕위를 얻었으므로 다시 장가들지 않고 우씨를 왕후로 삼았 다. ―《삼국사기》 16권 산상왕 즉위년

환도산에는 지금도 성의 자취가 남아 있다.

환도산성 중심부에서 발견된 거대한 건물의 주춧돌들.

이후 고구려엔 큰 변화가 있었다. 즉위 다음해, 산상왕은 환도산에 성을 쌓기 시작했다. 환도산의 중심부에는 건물의 흔적이 남아 있다. 흩어져 있던 직경이 1미터에 달하는 돌들은 거대한 건물의 주춧돌로 확인됐다. 발굴 결과 이곳엔 4개의 단에 길이 100미터에 이르는 대형 건물까지 있었던 것으로 밝

위성에서 찍은 환도산성의 부감. 빨간색으로 표시된 부분이 건물이 있었던 자리다.

혀졌다. 이병건 동원대 실내건축과 교수는 "이 정도로 넓은 지역에 건물이 있었다면 개인이 한 것이 아니라 국가적인 경영에 의해서 구성된 것"이라고 설명한다.

이 건물은 왕궁이었다. 산상왕은 즉위 13년(209) 만에 환도성으로 도읍을 옮겼다. 국내성을 떠나 이곳으로 궁을 옮긴 이유는 무엇일까? 궁성이 내려다보이는 산 중턱에선 병사들의 거주지가 확인되고 있다. 군대가 주둔했던 것이다. 막사 바로 앞엔 요망대(瞭望臺)가 있다. 일종의 망루인 이곳에선 국내성을 비롯한 지안 일대가 한눈에 들

환도성이 내려다보이는 산 중턱에서 발견된 병사 거주지 터.

환도성의 요망대.
지안현 일대가
내려다보인다.

어온다. 해발 600미터 산 위에 위치한 환도산성은 감시와 방어가 용이한 천혜의 요새였다. 감시 능력이 있는 산성을 쌓은 것은 대외적인 위기 속에서 방어력을 높이겠다는 의지의 표출이었다.

왕후 우씨는 산상왕과 함께 환도산에 산성을 쌓았다. 그리고 8000평방미터에 이르는 대지에 궁궐과 사당을 갖춘 거대한 왕성을 지었다. 적의 침입을 감시하기 위해 왕성 앞에는 망루를 세우고 군사를 배치했다. 환도산성은 외세의 개입을 뿌리치고 정권을 찾은 왕후가 고심 끝에 마련한 고구려 방어 전략의 결정체였다.

이후 왕후는 왕실 최고의 권력자가 되었다. 그리고 그 힘은 오랫동안 지속됐다. 왕후의 부족 연나부는 우씨가 사망한 후 100년 동안 계속해서 왕후를 배출했다. 김용만 소장은 우씨 왕후의 쿠데타로 인해 연나부가 왕비족으로서의 지위를 오랫동안 유지하게 되었지만, 다른 부족들의 힘은 약화됐고 고구려의 5부족 체제가 해체되는 계기가 되었다고 평가한다.

이후 고구려는 완전히 새로운 나라가 되었다. —《삼국지》

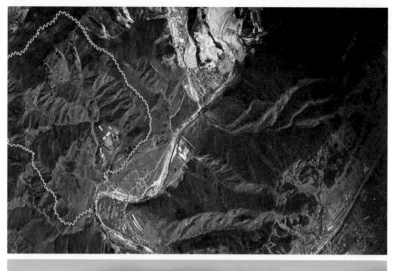

위성에서 본 환도산성(표시된 부분)의 위치와 컴퓨터그래픽으로 재현한 환도산성의 모습.

　　조선시대 역사서인 《동사강목》은 "완악하고 음탕하며 부끄러움 없기가 천하고금에 이 사람만한 이가 없다"고 우씨에 대해 비난을 퍼붓고 있다. 그러나 이것은 조선의 윤리 기준에 근거한 평가일 뿐이다. 고구려는 개방된 나라였고, 왕후의 행동은 당시의 관습과 규범을 벗어나지 않았다.

　　고구려 여인 우씨. 그녀는 왕을 능가하는 왕후로 반 세기 동안 고구려를 이끈 철의 여인이었다.

한국사傳 4

5

열반 후 김교각의 육신은 돌로 만든 함에 보관되었다.

입적한 지 3년이 지나 다시 그 상자를 열어보았을 때

그의 시신은 마치 살아 있는 육신과도 같았다고 한다.

"지옥이 텅 비기까지 성불하지 않으리라."

그가 평생을 바쳐 빈 중생구재의 서원.

마침내 김교각 스님은 지장왕보살이 되어

영원히 중생들과 함께하게 되었다.

등신불이 된 신라왕자
—김교각

등신불은 입적한 스님의 육신에
금칠이나 옻칠을 하여 불상으로 만든 것이다.
곧 육신보살로, 부모가 낳아준 몸 그대로
보살의 지위에 오르게 된다.
김동리의 소설《등신불》의 배경, 중국 구화산.
그곳 최초의 등신불은 바로 신라 왕자 김교각이었다.
왕자의 신분을 버리고 선택한 고된 수행의 길.
무엇이 승려 김교각을 등신불로 남게 했을까?

1200년간 썩지 않은 등신불의 비밀

중국 안후이성(安徽省)의 구화산(九華山, 지우후아샨)은 아흔아홉 개 사찰을 품고 있다는 불교 성지다. 쌍계사(雙溪寺)로 올라간 신도들은 커다란 항아리 앞에서 간절한 기도를 올린다. 항아리 아랫부분에는 한 장의 사진이 놓여 있는데, 항아리와 사진은 23년 전 입적한 대흥화상(大興和尚·1907~1985)의 등신불과 깊은 관련이 있다. 입적할 때 모습

구화산은 중국 불교의 4대 성지 중 한 곳이다.

구화산의 쌍계사.

쌍계사를 찾은 한 신도가 대흥화상의 육신을 모셨던 항아리 앞에 절을 하고 있다.

그대로 등신불이 된 것이다.

대흥 스님은 생전에 쌍계사에 머물면서 수도했는데, 병을 잘 고쳐 주위의 사람들이 그를 많이 찾았다. 약을 쓰지 않고 병을 고쳐주고는 돈도 받지 않았다고 한다.

1985년 2월 17일, 스님이 입적하자 마을 사람들이 스님의 육신을 보존하자고 쌍계사 주지에게 요구해서, 다리를 접고 앉아 열반한 육신을 그대로 항아리에 넣고 120근의 목탄(숯)과 생석회를 넣고 뚜껑을 닫았다. 생전에 은혜를 입은 마을 사람들은 그의 시신이 담긴 항아리 위에 높이 2미터의 벽돌 탑을 쌓았다고 한다.

그로부터 4년이 훌쩍 지나고 항아리를 여는 날이 왔다. 두 명의 스님이 벽돌을 깨내고 무릎을 굽혀 경건한 자세로 항아리 뚜껑을 열었다. 순간 한 줄기 이

대흥화상의 등신불.

상한 향기가 코끝을 스치는가 싶더니 여전히 항아리 안에 앉아 있는 대흥화상의 모습이 드러났다. 원래 몸에 입혀주었던 새 가사는 이미 모두 썩고 몇 가닥 실만이 남아 있었다. 염주를 꿰었던 실도 모두 썩었다. 그러나 화상의 몸은 조금의 손상도 없이 임종 때의 모습 그대로였다고 한다. 어깨도 무너지지 않았고 용모도 편안한 모습 그대로였다. 더욱 놀라운 점은 관절이 여전히 움직일 수 있었다는 것이다.

그 모습을 확인한 사람들은 분주하게 움직이기 시작했다. 부패를 막기 위해 육신 위에 피지를 한 겹 붙이고 그 위에 생 옻을 개어서 발랐다. 그리고는 다섯 달 후인 1990년 4월, 스님의 육신 위에 금물을 입히고 쌍계사에 봉안했다. 구화산에서 이처럼 육신이 썩지 않고 등

구화산의 역사를 담은
《구화산지》.

신불로 모셔진 스님은 9존이나 된다. 그리고 등신불의 존재 때문에 구화산은 중국 불교사에서 가장 추앙받는 성지가 되었다.

구화산이 등신불의 성지가 된 것은 서기 794년, 한 스님이 열반하면서부터였다. 그의 이름은 김교각(金喬覺·696~794), 신라 왕자라고 중국의 역사서는 적고 있다. 열반 후 등신불이 돼서 자신의 서원(誓願)을 이루고 구화산을 지장보살(地藏菩薩)의 성지로 일군 김교각이 정말 신라 왕자였다면, 그는 왜 신라가 아닌 당나라에서 구도자의 삶을 살았을까?

아흔아홉 사찰을 품은 신비한 성지

해발 1352미터의 구화산은 아흔아홉 개의 봉우리로 이뤄져 있다. 산세가 아름답고 명승고적들이 많아 동남제일산(東南第一山)으로 불린다. 아흔아홉 사찰과 1만 기의 부처를 모셨다고 알려져 있으며, 중국 불교의 4대 성지 중 하나이자 지장신앙의 본산이다. 수도하는 승려만 1500여 명에 이른다. 불교 성지답게 구화산을 찾는 사람들도 많다. 최근 들어선 중국인뿐만 아니라 동남아, 우리나라에서도 많은 사람들이 찾고 있다. 가파른 돌계단에서 삼보일배를 하는 사람들도 눈에 띈다. 이들이 끊임없이 구화산을 찾는 이유는 무엇일까?

구화산이 여느 불교 성지와 구별되는 가장 큰 특징은 등신불의 존재다. 김교각 스님의 등신불을 모신 기원선사(祇園禪寺)의 육신보전(肉

기원선사.

身寶殿)은 구화산에서 가장 중요한 곳이다. 편액에는 '고기 육(肉)' 자 대신 '달 월(月)'로 표기하여 스님의 존엄을 표현하고 있다. 김교각 스님을 모셔놓았기에 구화산을 찾은 신도들이 가장 오래 머무르는 곳이기도 하다.

스님의 육신을 모신 육신보전은 독특한 구조로 이뤄져 있다. 2층 건물 내부엔 7층 석탑이 지붕과 맞닿아 있다. 석탑 하단부에는 지장보살이 자리 잡고 있다. 건물 내에 7층 탑을 세운 것은 그만큼 김교각 스님의 등신불을 소중하게 보관하기 위해서였다. 건물 내에 7층 석탑, 7층 석탑 안에 3층 목탑, 그 탑 안에 김교각 스님의 등신불을 모셨다.

구화산 제2봉에는 백세궁(百歲宮)이 있다. 원래 이름은 적성암(赤城巖)이었으며, 명나라 때 입적한 무하화상(無瑕和尙 · 1513~1623)의 등신불이 모셔져 있다. 무하 스님은 김동리의 소설 《등신불》의 소재가

김교각 스님의 등신불이 있는 육신보전.

육신보전 편액. 육신의 '고기 육(肉)' 자 대신
'달 월(月)'로 표기했다.

육신전 안의 7층 석탑(위)과 등신불이 자리한 탑의
하단부.

되기도 했다. 100살이 넘어 입적
할 당시, 제자들은 풍습대로 무
하 스님을 항아리에 넣어 모셨는
데 3년이 지나도록 썩지 않았고
수백 년이 지난 지금도 생시 모
습 그대로다.

백세궁에는 무하 스님의 유물

무하화상의 등신불이 있는 백세궁.

도 남아 있다. 구화산에서 수행하던 28년간 혀와 손가락에 피를 내고 금가루를 섞어 필사한 81권의 《화엄경》이다. 한자도 소홀함 없이 명료한 글자체엔 아직도 주홍빛이 선명하다. 혹독한 수행과 정진의 증거물이다.

무하화상의 등신불.

무하 스님은 26세 되던 해에 구화산에 들어왔다. 그는 동애봉(東崖峰)의 꼭대기 근처 햇볕이 잘 드는 동굴을 골라 조그만 초가 암자를 지은 뒤, 세상과 담을 쌓고 수행을 시작했다. 그리고 매일 혀끝을 찔러 거기서 나는 피(舌血)로 금가루를 개어 《대방광불화엄경大方廣佛華嚴經》을 한 자, 한 자 써내려가기 시작했는데, 무려 28년 만에 81권의 화엄경을 모두 쓸 수가 있었다.

110세가 되어 자신의 생명이 다한 것을 안 스님은 혈경(血經)을 옆

무하화상이 피로 쓴
《화엄경》.

황제가 내린 옥인.
"만년선사 백세궁 응
신 지장보살의 옥인"
이라고 쓰여 있다.

에다 가지런히 놓아두고, 앉은 채로 열반했다. 사람들이 모여 결가부
좌한 시신을 항아리에 넣어두었는데 3년 후 항아리를 열어 보니 얼굴
이 생전의 모습 그대로였다고 한다. 그래서 육신 위에 금을 발라 장
식을 한 뒤에 탑을 세워 봉공하게 되었다.

무하 스님이 등신불이 되자 명나라 숭정(崇禎)황제는 적성암에 백
세궁이라는 이름의 편액을 내리고, 옥인을 하사하여 무하 스님을 김
교각의 응신보살(應身菩薩)로 대우했다. 김교각 스님의 화신이 무하
스님의 등신불로 나타났다고 본 것이다.

구화산 통혜암(通惠庵)은 자명대사(慈明大師)의 등신불이 모셔진 곳

이다. 1991년, 자명 스님 역시 가부
좌한 모습 그대로 열반에 들어 등신
불이 됐다. 자명 스님은 최초로 등신
불이 된 비구니 스님이기도 하다. 종
을 한 번 칠 때마다 지옥문이 열리면
서 지옥 안의 중생들이 해탈을 하게
한다는 서원을 세우고, 3년 6개월 동
안 암자에서 나오지 않고 종을 쳤다
고 한다.

1991년에 입적한 자명대사의 등신불.

　당시 등신불이 된 자명 스님의 육
신을 친견한 진주사 성저 스님은 "돌아가신 후 3년이 지나 자명 스님
의 육신을 책상 위에 올려놓고 피부를 만져보니 육신이 마치 살아 있
는 사람처럼 탄력이 있었다"고 증언한다. 또한 "피부색이 검어서 돌
아가셨다는 걸 알 수 있을 뿐, 멀리서 보면 어떤 노 스님이 살아서 참
선하시는 모습 같았다"고 회상한다. 열
반 후 자명 스님을 모셨던 항아리는 소
중히 보존되어 있다. 김교각 스님으로
부터 시작된 구화산의 등신불이 변함없
이 이어지고 있는 것이다.

열반 후 자명 스님의 육신을 넣어두었던
항아리.

　페이예차오 구화산 불학원 교수는 등
신불의 시초가 된 김교각 스님에 대해
"당나라 때는 지장보살이 신라의 김교
각의 모습으로 나타나 중국으로 건너온

것이라 여겼다. 김교각 스님이 불도를 배우고 고행을 하다 등신불이 되자 그를 지장보살의 화신이라 인정했다"고 말한다. 김교각, 그는 누구일까? 그는 정말 신라 왕자였을까?

본디 나는 신라의 왕자

김교각에 대한 기록은 그리 많지 않다. 당나라의 문화와 역사를 연구하는 데 귀중한 자료인 《전당문全唐文》에 〈구화산 화성사기化成寺記〉가 있다. 김교각 스님에 대한 기록이 남아 있는 책이다. 〈화성사기〉는 813년 비관경(費冠卿)이 쓴 책이다.

이 책은 〈화성사기〉를 쓴 비관경에 대해 구화산이 위치한 칭양(靑陽)현 출신으로 시문에 뛰어났던 인물로 소개하고 있다. 중국 최고의 김교각 전문가로 알려진 셰수톈 안경사범학원 교수는 "〈화성사기〉를 쓴 시기는 김교각 스님께서 돌아가신 지 얼마 되지 않았을 때이며, 비관경은 김교각 스님과 동시대를 산 인물이기 때문에 〈화성사기〉의 기록은 신뢰할 만하다"고 인정한다. 〈화성사기〉는 김교각을 '김씨 성을 가진 신라 왕자'라고 적고 있다.

新羅王子金氏近屬　　김교각은 신라 왕자로 김씨 일가다. ─ 〈화성사기〉

〈화성사기〉보다 후대에 쓰여진 《송고승전宋高僧傳》역시 김교각이

신라 국왕의 친족이었다고 기록하고 있다. 구화산의 역사를 기록한
《구화산지》에서는 최초로 김교각이라는 이름을 직접 언급하며 그의
신분을 밝히고 있다. 지장이라 불리는 김교각은 '당으로 건너온 신라
왕자'라는 것이다.

新羅國王之支屬也　　김교각은 신라 국왕의 친족이다. —《송고승전》

喬覺新羅王子　　　　김교각은 신라 왕자다. —《구화산지》

　구화산 아래 위치한 노전오촌은 오(吳)씨 일가가 긴 역사를 이어온
마을로, 김교각 스님이 구화산 입산 전 다녀간 곳으로도 유명하다.
오씨들의 선조를 기리는 사당엔 김교각에 대한 기록도 남아 있다. 비
석에는 오씨 일가와 김교각의 인연이 기록되어 있는데 여기서도 김
교각이 신라인이라고 밝히고 있다.

金地藏者新羅國　　　김지장은 신라국 사람이다.

오씨 사당에 남아 있는
구화행사(九華行祠) 비석.

김교각이 직접 쓴 시도 전해진다. 수행하는 그에게 오씨 가문에서 쌀을 보내주자 보답하는 의미로 썼다는 시 〈수혜미酬惠米〉에서 그는 자신이 '신라의 왕자'임을 밝히고 있다.

> 비단옷을 베옷으로 갈아입고 바다 건너 도를 구하려 구화산에 왔네.
> 본디 나는 신라의 왕자. 수행길에 사모하는 오용지(吳用之)를 만났네.
>
> ─ 김교각의 〈수혜미〉 중

당나라의 신라 스님들

구화산은 중국에서 유일하게 등신불이 존재하는 곳이다. 해발 1352미터의 고지인데다 유난히 비가 많이 내리고 습하다. 죽은 육신이 등신불이 되려면 완전하게 건조된 미라의 형태가 되어야 하는데, 이렇게 습한 지역에서 연달아 등신불이 나왔다는 것은 과학으로 설명하기 어렵다.

김가기 마애석각.

이러한 구화산을 등신불의 본고장으로 일군 이가 바로 신라 왕자 김교각 스님이다. 김교각은 왜 안락한 삶을 버리고 외롭고 힘든 구도자의 삶을 택했을까? 왕자의 신분으로 그 먼 곳까지 가서 승려가 되는 게 가능한 일이었을까? 당시 신라 승려들의 행적에서 그 실마리를 찾아보자.

산시성(陝西省)의 성도 시안(西安)은 한때 당나라의 수도 장안(長安)이었다. 당나라 역사문물이 보존되어 있는 장안박물관 앞뜰을 가득 채운 석각들 중엔 당시 신라인의 흔적도 남아 있다. 당나라의 과거시험에 합격하고 대유학자가 된 김가기(金可記 · ?~859)의 마애석각(摩崖石刻)이다. 김가기는 당나라가 뽑은 성인(聖人) 67인 가운데 한 사람이었다.

金可記者新羅國　　　김가기는 신라국 사람이다.

김가기가 중국에서 대유학자가 될 수 있었던 것은 당나라의 유학 장려책 덕분이었다. 고대 중국의 최고 학부였던 국자감(國子監)에는 유교뿐 아니라 일곱 개의 전공분야가 있었는데, 신라에서 유학을 가

종남산 선유사에 세워져 있는 신라국 고승 혜초 기념비.

삼장법사로 알려진 현장 스님의 모습을 담은 검은 불상.

원측 스님을 기리는 측사탑.

현장 스님을 기리는 당삼장탑.

면 이 국자감에 들어가 공부했고 비용은 당나라에서 모두 부담했다.

당나라 유학생들 중엔 유학자뿐 아니라 불교 승려들도 있었는데, 대표적인 인물이 신라 승려 혜초(慧超·704~787)였다. 일찍이 인도를 여행하고《왕오천축국전往五天竺國傳》을 남긴 혜초 스님은 당나라에 머무르며 불경 번역 등 저술활동을 활발하게 펼쳤다.

당나라 때 사찰들이 많이 남아 있는 시안시 종남산(終南山, 종난샨)엔 신라 승려들의 흔적도 많다. 흥교사(興敎寺)는 삼장법사(三藏法師)로 알려진 현장(玄奘 · 602~664) 스님이 인도에서 불경을 가져와 쉽게 읽을 수 있도록 번역하고 법상종(法相宗)을 창시한 곳이다. 현장 스님은 중국 불교 신도들에게 가장 인기 많고 영향력 있는 고승 중 한 명이다.

현장 스님을 기리는 5층석탑 옆엔 또 하나의 작은 탑인 측사탑(測師塔)이 있다. 당나라로 유학 가 평생을 그곳에서 수도한 신라 승려, 원측(圓測 · 613~696) 스님을 기리기 위한 탑이다. 리리안 서북대학 불교 연구소장에 따르면 당나라로 유학 간 신라 스님들은 인도에서 들어온 불경을 번역하고 재해석하는 일을 주로 했는데, 특히 원측 스님이나 의상대사는 책을 많이 써서 장안에 많은 애독자가 생겼다고 한다.

혜초, 원측 스님처럼 당나라에서 활동한 스님들도 있었지만, 유학

중국 화엄종의 본산인 종남산 지상사.

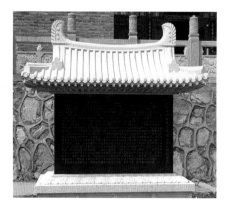
의상대사 수학기념탑.

후 신라로 돌아간 고승들도 많았다. 종남산 지상사(至相寺)에 머물렀던 의상대사(義湘·625~702)도 그중 한 명이다. 원효대사(元曉·617~686)와 함께 유학길에 올랐던 의상대사는 중국 화엄종의 본산인 지상사에서 지엄화상(智嚴和尙)으로부터 수년간 수학했다. 서기 670년, 신라로 돌아간 의상대사는 신라에 화엄신앙을 널리 알렸으며 이를 사상적으로 체계화했다는 평가를 받고 있다.

의상대사처럼 신라에서 당나라로 유학 간 승려는 200명이 넘었다. 리리안 소장은 당나라에서 유학한 신라의 승려들이 불교와 관련된 활동 외에 중국의 언어, 문화, 관습 등 여러 분야를 배웠고 한국과 중국의 교류에 커다란 역할을 했다고 평가한다.

유학생 신분으로 지장보살이 되기까지

그렇다면 왕자의 신분으로 유학길에 올라 보살의 지위에 오른 김교각 스님은 누구일까? 구화산 최초의 사찰인 화성사(化成寺)에 그의 흔적들이 남아 있다. 8세기 초 김교각 스님이 세웠다는 이곳은 역사문물관으로 운영되고 있는데, 명나라 황제가 구화산 스님들에게 하사한

김교각이 세웠던 화성사.
지금은 역사문물관으로
남아 있다.

교지를 비롯해 많은 유물이 전시되어 있다. 김교각 스님이 신라에서 당으로 건너올 때 데리고 왔다는 삽살개, 지청(地聽)의 형상도 남아 있다. 스성푸 화성사 육신보전 주지스님은 "김교각 스님이 신라에서 흰 개 한 마리를 데리고 왔고, 차 씨앗과 볍씨도 가지고 왔다"고 전한다.

김교각 스님의 유품으로는 유일하게 신발이 전시되어 있다. 언뜻 보기에도 엄청나게 큰 짚신 한 켤레. 길이만도 40센티미터에 이르러 그가 기골이 장대한 인물이었음을 알 수 있다. 구화산 정상의 고배경대(古拜經臺)는 김교각 스님이 수도 기간 대부분을 보낸 곳인데, 이곳에는 김교각 스님이 수도할 당시 남긴 것으로 추정되는 발자국이 있다. 일반 성인 남자가 그 위에 올라서보면 발자국 크기의 3분의 2에도 미치지 않는다. 당시 남자들의 평균 신장이 150센티미터였던 것을 감안하면 엄청난 크기다. 기록에 따르면 김교각 스님은 칠 척의 키에 장정 열 명을 상대할 만큼 장사였다고 한다.

김교각의 키는 칠 척(長七尺, 210센티미터)이었다. ─《화성사기》

김교각의 신발.

김교각이 신라에서 데려왔다는 삽살개, 지청.　김교각이 수도할 당시 만들어졌다는 발자국.

　기골이 장대하고 힘이 좋았다는 김교각. 그가 신라 왕자였다면 구체적으로 누구였을까? 어느 왕의 아들이었을까? 김교각의 출생과 사망에 대한 기록은 사서마다 엇갈리고 있다. 〈화성사기〉와 《송고승전》에서도 김교각의 입적 시기를 달리 기록하고 있다. 뤄위리에 북경대 종교철학과 교수는 "비관경이 쓴 〈화성사기〉가 가장 정확하다고 믿는 게 일반적인 시각인데, 비관경이 김교각과 동시대 인물이기 때문"이라고 셰수톈 교수과 같은 견해를 내놓았다.

　〈화성사기〉의 기록을 따른다면 김교각은 696년생. 그러나 우리나라엔 그에 관한 기록이 전혀 남아 있지 않다. 다만 출생시기로 유추해보면 그가 성덕왕(聖德王 · 재위 702~737)의 아들일 가능성이 크다고

경주의 성덕왕릉. 사적 제28호.

중국 학자들은 추정한다. 성덕왕에게는 다섯 명의 아들이 있었는데, 《삼국사기》는 장자 김수충(金守忠)이 중국에 유학을 다녀왔다고 기록한다.

> 왕자 김수충을 당나라에 보내 숙위(宿衛)하게 하니, (당나라) 현종이 집과 비단을 주고 그를 총애하여 조당(朝堂)에서 잔치를 베풀어주었다.
>
> —《삼국사기》 성덕왕 13년

그가 최초로 중국 유학을 갔을 때가 715년. 그러나 이듬해, 신라에서는 김수충의 동생인 중경(重慶)이 태자로 책봉된다. 김수충은 태자책봉에서 밀려난데다 1년 후에는 어머니마저 궁궐에서 쫓겨나게 된다. 신라 왕실에서 그가 설 자리는 없었다.

> 왕자 중경을 태자로 삼았다. —《삼국사기》 성덕왕 14년

성정왕후(成貞王后)를 (궁궐에서) 내보냈다. ―《삼국사기》 성덕왕 15년

셰수톈 교수는 김수충의 어머니가 폐출당한 다음부터 《삼국사기》
의 신라본기에서 김수충의 이름이 사라진 점으로 볼 때, 만약 김교각
이 신라 왕자라면 김수충일 가능성이 높다고 설명한다. 어머니와 자
신을 둘러싼 정치적인 상황에서 고민하던 신라 왕자는 떠나기로 결
심한다. 일찌기 당나라에서 접한 불교경전과 사상들이 마음 깊이 와
닿았던 김교각은 왕실의 정치적인 암투 대신 수행의 길을 택했다.

중국의 4대 불교 성지.

중국에는 4대 불교 성지가 있다.
각각 보살을 한 명씩 모시고 있는데,
산시성의 오대산(五臺山)에서는 지혜
를 상징하는 문수보살(文殊菩薩)을, 쓰
촨성(四川省)의 아미산(峨眉山)에서는
실천을 상징하는 보현보살(普賢菩薩)

을, 저장성(浙江省)의 보타산(普陀山)에서는 자비를 상징하는 관음보살
을 받들고 있다. 김교각 스님이 머물렀던 안후이성 구화산은 지옥의
중생을 교화하고 구제하는 구원의 상징인 지장보살을 받들고 있다.
김교각 스님은 신라 왕자 신분이긴 했지만 유학생이었다. 그런 만
큼 언어와 낯선 문화의 벽을 뛰어넘기란 쉽지 않았을 것이다. 적응도
쉽지 않았을 텐데, 김교각 스님은 어떻게 이런 한계를 딛고 지장보살
이 될 수 있었을까?

지옥이 텅 비기까지 결코 성불하지 않으리

당시 신라에서 중국으로 가는 뱃길은 두 갈래가 있었다. 신라를 떠난 김교각은 양자강(揚子江, 양쯔강) 하구를 통해 구화산 쪽으로 거슬러 올라갔을 것으로 추정된다. 양자강 하구에 위치한 광제사(廣濟寺)에도 김교각이 머물렀던 흔적이 남아 있다. 페이예차오 교수는 김교각 스님이 중국에 도착하여 구화산으로 오기 전에 저장성과 안후이성에 머문 흔적이 많이 남아 있다면서 그 예로 난징(南京), 광제사가 있는 난닝(南寧) 등을 꼽았다.

이상적인 수행처를 찾아 떠돈 지 10년 만에 그는 신비에 싸인 구화산을 발견하게 된다. 당시만 해도 구화산은 인적이 드문 깊은 산이었다. 김교각 스님이 터를 잡고 수행처로 삼은 곳은 구화산 정상의 한 동굴, '지장 스님이 수도한 옛 동굴'이라고 해서 지장고동(地藏古洞)이라 불리는 곳이다.

험난한 수행이 시작됐다. 한 사람이 겨우 들어갈 만한 크기의 작은 동굴에서 밤낮을 가리지 않는 수행이 이어졌다. 그는 동굴에 경전을 갖다놓고 하루 종일 향을 피우며 선정에 빠져들었다. 남루한 베 장삼 차림에 추위를 달랠 그 무엇도 없이, 가재도구라곤 세 발 달린 솥 하나가 전부였다. 끼니는 이 지역에서 나는 흰

김교각이 머물렀던 광제사.

김교각이 수도한 지장고동.

흙(고령토)에 약간의 쌀을 섞어 해결했다.

이곳에는 김교각 스님의 수행 당시 모습을 엿볼 수 있는 여러 전설이 전한다. 한번은 스님이 수행을 하고 있는데 독벌레가 그를 쏘았다. 그러나 그는 단정히 앉아서 무념무상일 뿐이었다. 그때 돌연 한 아름다운 부인이 그에게 예를 드리고 약을 올리며 말하기를 "제가 몰라뵈었습니다. 원컨대 샘이 나올 테니 몸을 보하세요"라고 했다. 말을 마치자 그 부인은 사라졌는데 정말로 돌 사이에서 맑은 물이 솟아나왔다. 후에 사람들은 그 부인을 구화산신, 곧 구화산의 산신이라고 했고 샘은 용녀천(龍女泉)이라 불렀다. 그 뒤부터 김교각은 물을 긷기 위해서 일부러 산 아래로 내려갈 필요가 없었다.

그러던 어느 날 제갈절(諸葛節)이라는 사람이 무리를 지어 산을 올라오다가 문득 보니, 동쪽 절벽의 한 동굴 속에 스님이 눈을 감고 단정히 앉아 있고 옆에는 깨어진 솥에 고령토와 쌀을 섞어 만든 밥이 남아

김교각이 개간하며 민생을 도왔던 구화마을.

있었다. 그들은 크게 놀라 땅위에 엎드려 "스님이 이토록 힘든 고행을 하는 건 모두 저희의 업보입니다"라고 말하며 김교각 스님을 위해 절을 지었는데, 이 사찰이 바로 화성사라는 것이다.

　스님이 수행하던 당시 당나라의 정치 상황은 좋지 못했다. 755년, 귀족들의 권력쟁탈전은 안녹산의 난으로 표면화되었다. 전쟁은 나라 전체를 폐허로 만들었다. 약탈과 방화, 살인 등 만행이 저질러졌다. 당나라의 호구 수가 9년 새 3분의 1이 줄어들 정도였다. 마음 둘 데 없는 백성들의 현실과 어려움은 수도승에게도 큰 숙제였다. 특히 중생구제에 대한 염원이 컸던 김교각 스님에겐 더욱 그랬다. 스님은 피폐한 백성들의 삶을 구제할 방도를 찾고자, 농경지가 부족한 구화산을 개간하고 농사도 직접 지었다. 백성을 구제한다는 수도승마저 민생고에 시달리는 백성들에게 기생할 수는 없다는 생각에서였다.

지옥에서 고통받는 중생들을 묘사한 불화.

겨울에도 따뜻하게 입지 않았고 직접 삼베옷을 지어 입기도 하였다.

— 〈화성사기〉

철저한 자급자족의 실천과 함께 수행의 강도도 갈수록 높아졌다. 그의 수행과 깨달음엔 늘 백성들이 있었다. 자신의 성불보다 중요한 것은 어려움에 빠져 있는 백성들을 구제하는 것이었기 때문이다. 이러한 김교각의 사상은 지옥의 마지막 중생까지 구제한다는 지장보살의 정신과 흡사했다. 사람들은 김교각에게서 지장보살을 떠올리기 시작했다.

부천 석왕사 주지인 영담 스님은 "옷이 없는 사람에게 입고 있던 옷까지 다 벗어주고 자신은 땅을 파서 몸을 가렸다는 데서 지장보살이라는 이름이 생겨났다"고 설명한다. '지옥의 마지막 중생이 성불하기까지 나는 성불하지 않겠다' 라는, 모든 중생을 구제하겠다는 지장보살의 마음에서 지장신앙이 시작된 것이다.

김교각 스님의 고행과 덕행은 당나라 황실에까지 알려졌다. 사찰명을 지어달라는 지주태수 장암(張岩)의 부탁에 당 황제는 직접 화성사라는 편액을 내렸다. 당 황제의 편액은 김교각에 대한 황실의 공식적인 인정을 의미했다.

광제사에는 757년, 당 황제 숙종이 김교각 스님에게 내린 금인이 소중하게 보관되어 있다. 가로 세로 각 12센티미터 정방형으로 무게 4.5킬로그램에 달하는 금인의 바닥에는 지장이생보인(地藏利生寶印)이라는 여섯 글자가 새겨져 있다. 지장, 즉 김교각 스님이 중생을 이롭게 한다는 뜻이다. 황제의 금인은 그 자체로 황제의 권위를 상징했다. 당 지덕(至德) 2년이던 757년에 김교각은 중국 최고의 수도승이 된 것이다.

당 황제 숙종이 내린 금인.

페이예차오 교수는 이 사건의 의미를 "김교각 스님에게 황족 대우를 해준 것"이라고 해석한다. 황제와 왕만이 옥새를 가질 수 있기 때문이다. 금인을 받음으로써 김교각 스님은 '지장왕보살(地藏王菩薩)'이라고 불리게 되었다.

김교각이 구화산에서 수도하던 시절, 당대의 시인 이태백(李白·701~762)이 구화진에 서당을 열고 있었다. 이태백은 김교각을 만났고 그의 수행에 감탄하여 그를 기리는 시를 남겼다.

보살의 자비로운 힘, 끝없는 고통에서 구하나니
하해와 같은 그 공덕, 세세손손 빛나리로다.

— 이태백의 시 중

아직도 끝나지 않은 스님의 서원

衆生度盡 力證菩提 　중생을 모두 제도하는 것이 깨달음의 완성이니,

地獄未空 誓不成佛 　지옥이 텅 비기 전에는 결코 성불하지 않으리라.

—《지장보살본원경 地藏菩薩本願經》

　김교각 스님이 수행의 화두로 삼았던 서원이다. 중생들이 모두 구제되기 전에는 성불하지 않겠다는 그의 서원은 수많은 중국인들에게 큰 울림으로 다가갔다. 뿐만 아니라, 그의 이런 서원은 생활 속에서도 그대로 실천되었다. 척박한 땅을 개간해 농사를 짓고, 직접 옷을 지어 입으며 검소한 삶을 살았던 김교각. 과연 그가 이룬 것과 남긴 것은 무엇일까?

　794년, 음력 7월의 마지막 날이었다. 김교각은 제자들을 불러 모으고 고별인사를 건넸다.

　내가 죽거든 화장하지 말고 돌함에 넣었다가 세 해가 지난 뒤 열어보아라.

　만일 그때까지 썩지 않으면 그대로 금칠을 하여라.

　그것이 마지막이었다. 아흔아홉을 일기로 스님은 열반에 들었다. 스님이 입적할 때 구화산에선 기이한 일들이 벌어졌다고 한다. 산이 울리고 돌이 떨어지는 소리가 들렸으며 절에서 종을 쳐도 소리가 들리지 않았다.

　스님의 유언대로 가부좌한 채 열반에 든 그의 육신을 항아리에 모

신 지 3년이 지나자, 제자들은 시신을 수습해 탑에 안치하기 위해 스님을 모신 항아리 앞으로 모였다. 그런데 놀라운 일이 벌어졌다. 스님의 육신이 썩지 않고 열반에 들 당시 모습 그대로 남아 있었던 것이다.

제자들이 마주 들자 뼈마디에서 금쇄(金鎖; 황금 쇠사슬) 소리가 났다. 불경에 따르면 뼈마디에서 쇳소리가 난다는 것은 보살의 현신을 의미한다. 제자들은 스님의 육신에 금칠을 해 석함에 모시고 그 위에 탑을 세웠다. 등신불이 됨으로써 김교각은 지옥이 비기까지 성불하지 않겠다는 그의 서원을 이룬 것이다.

중생구제에 대한 그의 염원은 지장보살을 방불케 했고 등신불로 남음으로써 지장보살의 화신으로 추앙받았다. 이후 구화산에는 여러 스님들의 등신불이 이어져 등신불의 성지이자 지장신앙의 본산이 됐다. 영담 스님은 그렇게 습한 구화산에서 등신불이 생겼다는 것은 "김교각 지장보살께서 돌아가시기 전에 '내가 3년 후에는 육신불이 되어 중생을 구제하겠다' 고 하신 뜻이 하늘에 맞닿은 것"이라고 해석한다.

1999년 9월 9일, 구화산불교협회는 김지장보살대동상 건립기공식을 거행했다. 99미터에 이르는 세계 최대 높이의 불상을 세우는 대역사다. 김교각을 기리는 이 동상은 2009년 9월 9일에 완공될 예정이다. 뤄위리에 교수는 중국인들이 김교각을 특별하게 생각하는 이유에 대해 "실용적인 것을 추구하는 중국인들의 성향이 모든 중생을 구원하고자 하는 김교각의 서원과 잘 맞아들었기 때문"이라고 말한다.

중국의 긴 역사 속에서 가장 고통 받았던 사람들은 바로 가난한 백성들이다. 그들은 수많은 전쟁과 귀족이나 관리들의 수탈을 견뎌야

구화산에는 김지장보살대동상 공사가 한창이다.

동상의 조감도.

했다. 그러기에 그들의 희망은 현세가 아니라 내세에 있었고, 극락왕생하는 것이 유일한 희망이었다. 그런데 지장보살은 자기가 부처가 될 수 있는 위치이지만 이 세상에 있는 모든 중생들을 극락으로 인도하지 않고서는 결코 부처가 되지 않겠다는 서원을 한, 대승불교의 지도자였던 것이다. 그러므로 민간에서는 지장보살을 가장 숭모하며, 그 지장보살이 인간 김교각으로 구화산에 살다가 갔다고 믿고 있다.

　중국인들이 김교각 스님을 높이 추앙하는 이유는 또 있다. 전통적으로 중국인들은 효를 강조해왔는데, 지옥에 빠진 마지막 중생도 구제하겠다는 그의 지장사상이 부모를 귀하게 모시는 중국 민중의 소망에 부합하기 때문이다. 페이예차오 교수는 이 점에 대해 "원래 불교에선 출가를 하면 속세와 모든 인연을 끊는다. 효자도 출가를 하면 부모와 연을 끊어야 하는데, 부모와 연을 끊는다는 것은 중국에선 상상도 할 수 없는 일이었다. 이때 김교각 지장보살이 나타났고 그 후로는 불교에서도 효도를 중시하게 되었다. 지장보살이 중국 불교에서 갖는 의미는 각별하다"고 평가한다.

예비 승려들을 위한 승가대학인 구화산 불학원은 매년 60여 명의 승려를 배출하고 있다. 지장보살의 도량에서 김교각을 배우고 따르려는 사람들이 고행의 길을 자처하고 있는 것이다. 영담 스님은 "중국의 유명한 달마대사나 육조 혜능대사도 조사(祖師)에 불과한데, 당시 조그만 국가였던 신라의 스님이 수도해서 보살이라는 호칭을 얻었다는 것은 엄청난 일"이라고 지장보살이라는 호칭의 의미를 평가한다.

신라 왕자 출신으로 낯선 땅 중국에서 평생 구도자의 길을 간 김교각은 지장왕보살이 됨으로써 신라인의 자존심을 세웠을 뿐 아니라 마지막 중생까지도 구제하겠다는 서원을 실천한 민중의 등불이었다. 각고의 노력과 오랜 수도 끝에 자신의 서원을 이룬 그는 자존심 강하기로 유명한 중국인들의 추앙을 받게 되었다. 이러한 김교각 스님에 대한 존경이 오늘날까지 이어지고 있는 건 스님의 서원이 현대를 살아가는 우리에게도 시사하는 바가 크기 때문일 것이다.

"지옥이 비기까지 성불하지 않겠다."

물질만능의 시대, 개인의 영달과 구원에 매달리는 현대인들에게 김교각 스님이 몸소 실천한 서원은 평화와 공존의 메시지로 되살아나고 있다.

한국사傳 4

6

19세에 건네받은 나라의 운명,

3년간의 대리청정…….

그리고 급작스러운 죽음.

왕세자 효명의

화려하고도 날카로운 춤사위가 시작된다!

춤을 사랑한 군주
─ 효명세자

효 명세자.
4살 되던 해 왕세자로 책봉된 그는
19살이라는 어린 나이에
아버지 순조를 대신하여 대리청정을 시작하였다.
한국의 루이 14세로 비교되기도 하는 효명세자는
여느 국왕들처럼 예술을 사랑하는 데서 그치지 않고
예술을 현실 개혁의 수단으로 삼고자 했다.

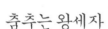

춤추는 왕세자

경복궁 국립고궁박물관 지하 수장고엔 조선
후기, 쇠락해가는 왕조의 마지막 희망이었던
한 청년의 유품이 보관돼 있다. 정조의 손자
이자 순조의 아들인 효명세자(孝明世子·
1809~1830)의 어진(御眞)이다. 한국전쟁 중
반이 불타버려 얼굴은 알아볼 수 없지만 할
아버지 정조를 닮아 이마가 반듯하고 눈은
용의 형상이었다고 한다.

　아버지 순조를 대신해 3년간 대리청정을
했던 실질적인 국왕. 하지만 그는 스물두 살
에 요절한 비운의 왕세자였다. 이덕일 한가
람역사연구소 소장은 "효명세자가 왕으로
즉위했다면 조선의 상황이 달라질 만한 마지
막 기회가 되었을 것"이라고 평가하고, 신병

익종(효명세자) 어진. 국립고궁박
물관 소장.

효명세자가 만든 정재 〈춘앵전〉 재현. 국립무용단.

주 교수는 "조선에 불운이 이어지던 시기에 효명세자 같은 능력 있는 지도자가 오랫동안 왕위에 있었더라면" 하는 아쉬움을 표한다.

외척의 세도정치에 둘러싸여 왕권이 끝없이 추락하던 시대에 '왕권 강화'라는 사명을 짊어진 효명은 대리청정 시작과 함께 춤에 빠져들었다. 그에게 춤은 세도정치를 견제할 수 있는, 가장 우아하면서도 날카로운 무기였다.

효명, 춤을 만들다

곱기도 하구나, 달 아래 걸어가는 그 모습.
비단 옷소매는 춤추듯 바람에 가벼이 날리도다.

— 〈춘앵전春鶯囀〉 중

〈춘앵전〉은 효명세자가 어머니 순원왕후(純元王后·1789~1857)의 40세를 경축하기 위하여 창작한 대표적인 궁중무용이다. 조선조 말까지 전해지는 궁중무용인 정재(呈才)는 총 53수인데, 그중 효명의 손을 거친 것이 무려 26수. 효명은 우리 무용사에서 절대 빼놓을 수 없는 인물이다.

시를 짓는 왕은 많았지만, 춤에 관심을 가진 권력자는 효명세자 익종(翼宗)이 유일하다. 19살의 어린 나이로 아버지 순조를 대신해 대리청정을 한 효명은 국왕에 준하는 엄청난 양의 정무를 맡고 있었지만, 춤에 대한 관심을 거두지 않았다. 무엇이 그를 춤의 세계에 빠져들게 한 것일까?

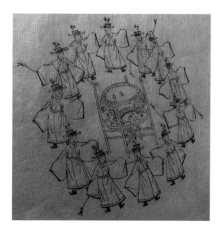

〈진찬의궤〉(1829년)에 상세히 기록되어 있는 무고의 동작. 무고는 북을 가운데 놓고 무용수들이 돌면서 북을 치며 추는 춤이다.

《조선왕조의궤朝鮮王朝儀軌》에는 국가나 왕실의 주요 행사가 기록되어 있다. 효명이 주관한 '잔치' 역시 기축년 〈진찬의궤進饌儀軌〉와 무자년 〈진작의궤進爵儀軌〉를 통해 확인할 수 있다. 의궤에는 글뿐 아니라 그림을 함께 실어 후대에 실질적인 도움을 주고 있는데, 악공들의 의상에서 악기의 종류, 음식의 가짓수와 만드는 방법까지 그 내용이 얼마나 자세한지, 의궤만으로도 당시의 연회를 똑같이 재현할 수 있을 정도다.

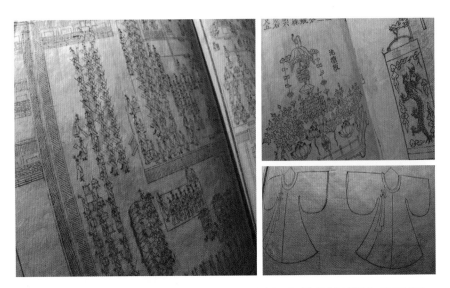
의궤에는 행사의 도열, 무대 장식, 악기의 모양, 복장, 액세서리 등에 대한 설명이 상세하게 기록되어 있다.

　가령 큰 북을 가운데 놓고 추는 춤을 설명하는 대목에선 무고(舞鼓)를 만들 때 나무통이 얼마큼 들어갔고, 북면 메우는 소가죽이 얼마큼 들어갔고, 북통을 만드는 데 고리가 몇 개 들어갔는지, 색칠할 때는 어떤 염료가 얼마큼 들어갔는지 세세하게 적혀 있어 지금도 그대로 만들어볼 수 있다. 연회에 내놓은 음식에 대해서도 참기름과 파의 분량까지 세세하게 기록되어 있다.

　효명은 대리청정 기간 동안 크고 작은 연회를 총 11회에 걸쳐 열었는데, 대부분 부왕 순조와 어머니 순원왕후를 위한 잔치였다. 그가 사후에 효명이라는 시호를 받게 된 것도 아버지 순조에 대한 그의 효심이 남달랐기 때문이다.

　봄 못이 맑으니 꽃 그림자 곱기도 해라.

　온 산천 붉어 비와 이슬을 머금으니

우리 임금 깊은 덕이 창생에 미쳐 이같이 고르구나.

— 효명세자의 시 〈층당대春塘臺〉 중

순조 28년(1828) 11월, 효명은 다음 해 있을 순조의 재위 30년과 보령 40세를 맞아 잔치를 기획하고 순조에게 허락을 구한다.

엎드려 바라건대 성상께서는 신이 백관을 삼가 거느리고 내년 정월 초하룻날 즉위하신 지 30년을 진하하는 예를 크게 거행하도록 허락하시고, 이어서 길신(吉辰)을 가려 축하의 술을 올리어 사순을 맞이하신 경사를 빛내게 하옵소서. ─《순조실록》28년 11월 21일

조선조에서 재위 30년을 채운 임금은 세종(世宗·재위 1418~1450)과 영조(英祖·재위 1724~1776) 등 5명에 불과할 정도로 드문 경사였지만, 세자에게 대리청정을 맡기고 일선에서 물러나 있던 순조로서는 당황스런 제안이었다. 하지만 거듭된 상소 끝에 순조의 허락을 받아낸 효명은 그날로 진찬소(進饌所)라는 준비기구를 꾸리고 본격적인 잔치 준비에 들어갔다.

국부인 순조의 사순 잔치는 왕실뿐 아니라 국가적인 행사였다. 효명은 길일을 잡아 잔칫날을 정하고 대신들의 업무 분장을 챙기는 등 잔치의 전 과정을 진두지휘했다. 무용의 종류와 순서 역시 직접 결정했는데 여기엔 자신이 직접 창작한 무용도 포함되어 있었다. 공연의 기획에서 무대 연출까지, 효명은 진찬의 총감독이었다.

춤이 결정됐으니 춤꾼을 모아야 했다. 제주와 함경도를 제외한 여

섯 개 도에 공문을 보내 기녀를 소집했는데, 덕애, 연심이, 차심이,
홍도 등 각 지역에서 춤과 노래가 뛰어난 기녀 총 85명이 선발됐다.
선발된 기생들은 말이나 배를 타고 한양으로 이동했다. 늙고 병들거
나 가무를 못하는 기녀를 보내면 엄벌하겠다고 강조했으니 선발된
기녀들은 당대 내로라하는 최고 수준이었을 것이다.

1828년 11월 27일, 6개 도에 공문을 하달하다. '오는 12월 초 10일 안으로
책자를 만들고 관리를 정해서 기녀를 인솔하여 올라오게 할 것.'

— 〈진찬의궤〉

서울 을지로2가에 있는 장악원 터.

드디어 12월 초, 전국에서 올라온 85명
의 여령(女伶)들의 행렬은 한양에서도 흔
히 볼 수 없는 진귀한 풍경이었다. 한양
에 도착한 기녀들은 장악원(掌樂院)에 여
장을 풀었다. 현재 을지로2가에 그 터만
남아 있는 장악원은 조선조 궁중 음악과
무용을 담당하던 관청이었다.

김종수 규장각한국학연구원 학예연구사는 지방에서 기생을 불러오
게 된 건 인조반정 이후라며, "조선 후기에 장악원에 소속된 여기들을
폐지했기 때문에, 궁중 잔치를 하려면 당연히 지방에서 불러와야 했
다. 올라온 기생들은 두 달 정도 연습을 하면서 서로 맞춰보고, 공연
이 끝나면 바로 지방으로 내려갔다"고 설명한다.

여장을 푼 여령들은 맨 먼저 효명이 쓴 창사(궁중무용을 출 때 춤추는

효명세자가 만든 정재 〈무산향〉 재현. 국립무용단.

사람이 부르는 노래)를 연습해야 했다. 장악원의 전악 김창하(金昌河)가 창사에 곡조를 붙이고 기녀들을 연습시켰다. 특히 〈춘앵전〉, 〈무산향 舞山香〉과 같이 효명이 창작한 정재무가 20편 이상으로 늘어나면서 익혀야 할 악장의 수도 늘어났다.

효명은 매 잔치 때마다 창사를 짓고 거기에 노래와 춤을 입혀 새로운 정재를 선보였는데 이렇게 만들어진 효명의 정재들은 파격, 그 자체였다. 〈무산향〉은 효명세자가 만든 독무로, 침상 모양의 대모반(玳瑁盤)이라는 이동 무대 위에서 추는 춤이었다. 왕의 총애를 받는 여인의 기쁨을 표현하여, 근엄한 정재의 내용을 벗어난 것이었다.

〈순조무자의궤부편〉에 나온 〈춘앵전〉의 동작 설명. 효명세자가 사순을 맞은 어머니를 기쁘게 해드리기 위해 만든 춤이다.

또한 〈춘앵전〉은 꾀꼬리를 상징하는 노란색 옷을 입고 화문석 위에서 추는 독무이다. 처음 시도된 독무로서 효명의 작품 중 오늘날까지 가장 사랑받는 무용이다. 이 외에도 효명은 이름만 남아 있던 고구려무와 신라의 사선무(四仙舞)를 복원해냈고 다양한 소품과 무대를 활용하여 화려한 볼거리를 제공했다. 이렇게 만들어진 작품이 26편, 효명은 춤의 예술성이나 양적 풍성함으로 조선 역사상 가장 화려했던 춤의 진경시대를 열었다.

약 한 달 간의 연습을 끝낸 여령들은 장악원을 떠나 궁 안에서 예행연습을 시작했다. 총 10회의 예행연습이 있었는데 효명이 진두지휘한 것은 물론이었다. 왕세자가 직접 기녀들의 연습을 참관하고 감독하는 것은 유례없는 일이었다. 예행연습이 시작되자 대신들의 불만이 터져나왔다. 천민 신분의 기녀들이 궁궐을 돌아다니는 모습이나 세자가 직접 연습을 참관하는 것이 문제가 된 것이다.

> 신이 듣자니 일전에 대궐 내에서 여령들이 기예를 연출한 행사가 있다고 하옵니다. 저들처럼 미천한 무리들이 때도 없이 엄숙한 궁중에 출입하니 듣고 봄에 해괴하게 여깁니다. ……또 여러 차례 연습을 해당 관소에 위임하지 않고 모두 몸소 임관하시니 성색의 즐거움에 마음을 방탕하게 하기 쉽사옵니다. ─《순조실록》순조 29년 1월 10일, 박기수의 상서

하지만 효명은 단호했다. 자신의 의도를 왜곡하고 모함했다고 분노한 후 박기수(朴綺壽·1774~1845)를 유배시킨다.

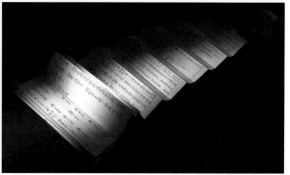

한 손에 쥐고 펼칠 수 있는 책, '홀기(笏記)'는 큰 의식의 식순 등을 정리해놓은 공연 팸플릿의 일종이다. 《정재무도홀기呈才舞圖笏記)에는 음악과 노랫말은 물론 춤사위까지 직접 보지 않고도 춤을 상상할 수 있을 만큼 자세하게 적혀 있다.

> 나는 이번 경사의 예절에 대하여 스스로 성심성의를 다하려고 하였다.
> ……방탕한 마음이라고 비방하였으니 내가 부끄러움이 지나쳐 사람을 상대할 면목도 없다. 무슨 의도로 규례도 살펴보지 않고 말했는지 모르겠다. 박기수를 호남의 바닷가로 귀양 보내라. —《순조실록》 순조 29년 1월 13일

보수적인 대신들의 질책을 뒤로하고 정재 연습은 물론 연회의 전 과정을 꼼꼼히 챙겼던 효명. 그에게 연회는 부왕의 생신잔치 이상의 정치적 의미를 담고 있었다. 효명은 대리청정 기간 동안 6개월에 한 번 꼴로 잔치를 열었다. 그리고 그때마다 하나에서 열까지 자신의 손으로 전 과정을 챙겼는데, 유교국가인 조선에서 예악(禮樂)을 바르게 하는 것은 국가의 기강을 세우는 가장 중요한 수단이었다.

세종대왕이 조선이라는 새로운 국가의 틀을 세우기 위해서 예법을 정리하고 우리 음악인 '아악(雅樂)'을 집대성한 것 역시 같은 맥락에서 이해할 수 있다. 효명에게는 세종만큼이나 뚜렷한 목표가 있었는데, 그것은 바로 외척의 세도정치를 견제하는 것이었다.

예악정치의 칼을 빼 든 왕세자

세도정치의 기원은 정조에서부터 시작됐다. 위태로운 세자 시절을 보낸 정조는 홍국영(洪國榮·1748~1781) 등 후견 그룹의 중요성을 뼈저리게 느끼며 왕이 됐다. 그래서 죽기 보름 전, 평소 신임하던 김조순(金祖淳·1765~1832)을 불러 순조의 뒤를 봐줄 것을 부탁한다. 정조 사망 당시 순조의 나이 11살, 정조의 정적이었던 정순왕후는 어린 순조 대신 수렴청정하며 반대파들을 숙청했고, 정조의 유시를 받아 순조의 장인이 된 김조순은 자신의 영향력을 확대해갔다.

순조 1년(1801)에는 신유박해(辛酉迫害)가 일어나는데 5백여 명의 희생자를 낸 초유의 천주교 탄압 이면에는 정조를 지지하던 남인(南人)을 제거하려는 정순왕후의 정치적 의도가 깔려 있었다. 정순왕후가 물러난 이후에는 순조의 장인 김조순 중심의 안동김씨 계열이 국정을 장악하게 된다. 국왕의 인사권도 유명무실해졌다. 조선시대에는 이조와 병조가 세 명의 인재를 추천하고 왕이 그중 한 명을 낙점하는 방식으로 관리를 임명했는데, 김조순을 위시로 한 외척들은 삼망(三望)에 모두 자기 세력을 올리는 방식으로 조정의 주요 관직을 장악했다.

이덕일 소장은 "순조가 어린 나이에 왕이 됐지만 곧바로 수렴청정을 받았고, 부친 정조가 아꼈던 신하들이 전부 다 죽거나 귀향 가는 것을 보면서 상당한 공포를 느꼈을 것"이라며, 이러한 점 때문에 "거대당파와 싸우기보다는 방임하다시피 하는 정치를 하게 되었다"고 평가한다.

순조가 정치로부터 멀어지는 사이, 한양의 안동김씨 집은 벼슬을

효명세자가 정리한 정재 〈가인전목단佳人剪牧丹〉에 대한 의궤의 설명을 그대로 재현한 모습. 〈가인전목단〉은 아름다운 사람이 모란을 꺾는다는 제목의 정재로, 모란을 꽂은 꽃병을 가운데 두고 그 꽃을 꺾으며 추는 춤이다.

청탁하러 오는 양반들로 연일 북적였다. 그 위세가 얼마나 대단한지
한 시인이 이를 비꼬아 시를 지었다.

가문의 성세는 자하동의 갑족 김씨요,

이름자는 서울에서도 유명한 '순' 자 항렬이라네.

— 평안도 시인 노진盧禛의 시 중

안동김씨와 소수 가문에 권력과 토지가 집중되면서 삼정은 문란해
지고 민생은 도탄에 빠졌다. 설상가상으로 순조 9년엔 극심한 흉년까

173

지 겹쳐 민심은 흉흉해졌다. 결국 순조 11년(1811), 홍경래의 난을 시작으로 크고 작은 민란이 나라 곳곳에서 일어나기 시작한다.

> 지금 임금이 나이가 어려 김조순의 무리가 국권을 장악하니, 하늘이 재앙을 내려 큰 흉년이 거듭되고 굶어 부황 든 무리가 길에 널려 죽음에 임박했다. — '홍경래의 난' 격문 중

이덕일 소장은 "순조 때부터 상당히 많은 민란이 발생하는데, 백성들이 국왕도 허수아비가 됐다고 생각하고 자신들의 문제를 스스로 풀어야겠다고 판단한 현상의 발로"라고 해석한다. 왕권을 바로 세워야 했지만, 11살에 왕위에 올라 성인이 된 순조 옆에는 장인인 김조순을 위시한 외척 세력들이 포진해 숨통을 죌 뿐이었다. 정국의 주도권을 상실하고 무기력증에 빠진 순조는 정신계통의 질환을 앓게 되는데, 실록에 따르면 화기(火氣)가 쌓여 생긴 일종의 화병이었다.

외척에 둘러싸여 고군분투하던 순조는 새로운 돌파구가 필요했고, 자신의 아들 효명에게 모든 희망을 걸었다. 효명은 할아버지 정조를 빼닮은 용모에 학문을 사랑하는 것 역시 닮아서, 잠자고 먹을 때를 제외하곤 공부에만 매진했다고 한다. 순조는 외척 세력에 대항했던 김재찬(金載瓚 · 1746~1827)을 효명의 스승으로 삼고, 세자의 위상을 강화하기 위해 다각적으로 노력했다.

효명세자의 성균관(成均館) 입학과정을 그림으로 기록한 〈왕세자입학도〉가 남아 있다. 세자는 만 아홉 살에 최고 학부인 성균관에 입학하는데, 창덕궁을 나서 입학 축하연에 이르기까지 주요 장면을 화폭

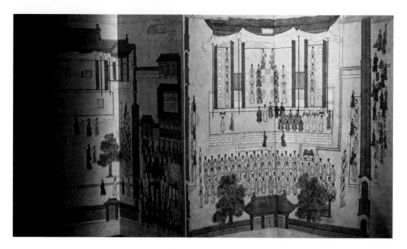
효명세자의 성균관 입학식을 기록한 〈정축입학도첩丁丑入學圖帖〉(1817년). 왕세자의 입학식을 기록한 의궤첩은 현재 효명세자의 것이 유일하며, 모두 4종이 전해진다.

에 담아두었다. 조선조에 남아 있는 세자 관련 기록화는 총 13점. 그 중에 효명세자 관련 기록화가 가장 많은데, 이는 세자에게 힘을 실어 주려는 순조의 의도가 반영된 것이다. 한국학중앙연구원 박정혜 교수는 "세자시강원(世子侍講院)의 위상 강화와 세자를 교육하는 서현관들의 정치적인 참여가 더 높아지는 정치적인 기류를 당시 효명세자와 관련된 궁중 기록화가 반영하고 있다"고 설명한다.

집권 27년째, 순조는 세자에게 대리청정을 명한다(1827년 2월 9일). 당시 순조의 나이 38살, 한창 나이인데도 옥새를 넘긴 데는 그만한 이유가 있었다. 순조는 당시 안동김씨로 대표되는 세도정치에 포위되어 있었기 때문에 능력을 갖추고 과감성 있는 세자가 정국돌파를 해주길 기대한 것이다. 또 언젠가 세자가 왕이 되었을 때 대리청정 경험으로 훨씬 강한 왕권을 구축하길 바랐다.

건강이 좋지 않고 정신적으로 불안정한 순조가 국정을 보는 일이 힘들어지고 자주 쉬게 되던 차에 세자의 대리청정을 명하자, 대신들

은 앞으로 불어올 파국은 예상하지도 못한 채 어린 왕세자의 섭정을
찬양하기 바빴다.

왕세자께서는 뛰어난 덕망이 날로 성취되고 아름다운 소문이 더욱 드러나
게 되니, 목을 길게 늘이고 사랑하여 추대하려는 정성은 팔도가 동일합니
다. 지금 내린 성상의 명을 삼가 받들되, ……신 등은 다만 기뻐서 발을 구
르며 춤출 뿐입니다. ―《순조실록》 27년 2월 9일, 김사목의 찬양

대신들은 왕 앞에 엎드리라!

남녘 못에 잠긴 용이 있으니 구름을 일으키고 나와 안개를 토하더라.
이 용이 만물을 키워내리니 능히 사해의 물을 움직이게 될 것이다.

― 효명세자의 시 〈잠룡潛龍〉 중

쇠잔해져가는 조선의 국운이 열아홉 살 청년의 어깨 위에 놓여 있
었다. 대리청정 한 달째, 효명은 장악원을 다그치기 시작했다.

국가가 있으면 음악이 있으니 음악은 국가의 큰 절목이기 때문에 그 음악
을 듣고서 정치를 관찰하는 것이다. 내 보아하니 종묘제례 때 추는 춤 일무
(佾舞)가 많이 어지럽고 어수선하다. 그 폐단을 빨리 바로잡도록 하라.

―《순조실록》 순조 27년 3월 11일

효명의 예악정치는 이렇게 시작
됐다. 순조 27년(1827) 9월 대리청
정 첫 해, 효명은 부왕인 순조와
어머니 순원왕후 김씨의 존호를
높이고 첫 연회를 개최한다. 대리
청정 2년째, 어머니 순원왕후의
보령 40세를 맞아 창덕궁 연경당
에서 잔치를 치른다. 그리고 대리
청정 3년, 순조의 재위 30년과 보
령 40세를 맞아 기축년에 진찬연
을 추진한 것이다.

순원왕후의 사순을 축하한 무자진작의 재현.

조선은 유교 국가로서 예악정치
를 추구했다. 조선시대 궁중 연회는 단순한 잔치가 아니라 예와 악으
로써 왕 중심의 지배질서와 왕의 위상을 높이려는 정치적인 의식이
었다. 잔치에 참석한 유력 대신들은 왕에게 머리를 조아리며 충성을
서약하고 만수무강을 비는 치사를 낭독하게 된다. 잔치를 통해 왕의
위엄과 권위를 내보이고 군신의 질서를 다시 한 번 확인하는 것이다.

한편 효명은 순조의 사순잔치를 자신의 친위부대가 중심이 되어
준비하도록 했다. 할아버지 정조 역시 화성원행 잔치 때 자신의 친위
부대를 동원했다. 정조와 효명은 연회를 통해, 친위대를 보강하고 군
권을 장악하려는 의도를 숨기지 않았다.

문화재보호재단 안태욱 실장은 효명세자의 예악정치가 "세도정치
가 번창하던 시기에 국왕이 중심이 되는 국가 운영을 지향하기 위해

순조의 재위 30년과 사순을 맞아 연 기축진찬을 기록한 〈순조기축진찬도병〉. 병풍의 오른쪽은 2월 9일 왕과 대신들이 명정전에 모여 잔치를 하는 모습이고, 왼쪽은 2월 12일 자경전에서 왕비를 비롯한 여성들이 참석하여 잔치를 즐기는 장면이다.

궁중음악이나 무용을 지속적으로 발굴하고 발전시킴으로써 내적으로는 정치적인 안정을 구하고 외세에 대해서는 단합된 국가의 모습을 보이려 한 것"이라고 평가한다.

기축년 잔치는 2월과 6월 사이 총 6회에 걸쳐 진행됐는데 2월 명정전(明政殿) 진찬에 참석한 신하의 수는 200여 명, 접대를 맡은 관리만 70명이 넘는 대규모 연회였다. 효명이 주재한 잔치엔 전례 없는 독특한 순서가 있었는데, 바로 익일회작(翌日會酌)이다. 잔치를 끝낸 다음날 벌어지는 익일회작의 주인공은 왕과 왕비가 아닌 바로 효명 자신이었다. 특히 이 자리엔 효명의 장인 조만영(趙萬永 · 1776~1846)과 김로(金鏴 · 1783~?), 서준보(徐俊輔 · 1770~1856) 등 반외척 세력들이 참석해 정치 회합의 성격을 띠고 있었다.

진찬소의 책임자들, 그리고 당일 행사의 진행을 실질적으로 도왔던 명부들을 모아놓고 위로하는 자리가 명분상의 익일회작이었다. 그렇지만 왕세자가 직접 연회를 주관하며 연회의 주인공으로 드러나

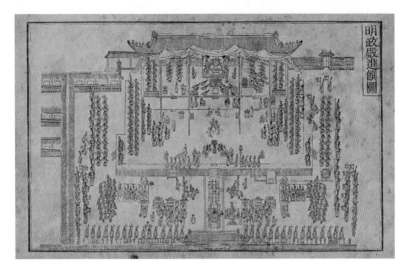

〈진찬의궤〉 중 〈명정전진찬도〉. 순조의 사순을 맞아 명정전에서 열린 기축진찬 장면을 기록해두었다.

는 자리였으므로, 단순히 수고한 관원들을 위로하는 데 그치지 않고 왕세자로서의 위상을 스스로 부각시키려는 분명한 의도가 드러난다.

북향 방에서 홀로 앉아 나라를 생각하니

창덕궁 후원에는 효명세자와 관련된 건물이 상당히 많이 남아 있는데, 그중에서 눈에 띄는 것이 어린 효명이 순조에게 청해 공부방으로 지었다는 기오헌(寄傲軒)이다. 세도정치 시기에 단청도 없는 추운 북향 건물을 지어놓고 절치부심했던 효명은 대리청정 시작과 함께 외할아버지 김조순과 그 측근을 향한 사정의 칼날을 들이댔다.

대청 나흘째, 효명은 안동김씨 외척세력들, 곧 심상규를 탄핵하고 김조순이 장악했던 비변사 당상들을 감봉 조처한다. 6월에는 김조순의 아들 김유근과 조카 김교근을 유배시킨다. 그리고 대청 4개월, 효명은 안동김씨 외척세력의 핵심 인사들을 정계에서 축출하거나 그 권한을 약화시키는 데 성공한다.

전하는 영을 잇달아 내려도 끝내 듣지 않는 것은, 겉으로 엄히 토벌한다는 이름을 빌리고 속으로 발을 빼려고 꾀한 것이니, 일의 불성실이 이보다 더 심할 수 없다. 오늘 서연에 나온 대간과 옥당들을 모두 파직하라.

—《순조실록》27년 11월 15일

조선시대에 왕이 신하를 임명하는 데에는 제약이 있었지만 파직시키는 것은 국왕의 고유 권한이었다. 효명은 이 점을 이용해서 안동김씨 세력을 약화시키려고 노력했다. 사정의 바람이 거세지자 대신들의 반발도 잇달았다.

효명세자의 독서처였던 기오헌. 도연명의 〈귀거래사〉의 한 구절 "남쪽 창에 기대어 멋대로 오만을 부려보니 무릎이 겨우 들어갈 만한 작은 집일지라도 평안하기만 하네"에서 따온 이름으로, '세속을 떠나 초연한 자유인의 경지를 마음껏 펼치는 집'이라는 뜻이다.

최고 정책 결정 기구인 비변사(備邊司)를 비롯해 정부 내 주요 요직에는 외척세력이 포진해 있었다. 효명은 이들을 견제하기 위해 남인, 소론 등 반외척 세력을 정계로 복귀시킨다. 언론기관이라 할 수 있는 삼사(三司)에 배치된 이들은 연일 핵심 외척 인물들의 비리를 폭로해 탄핵을 이끌어냈다.

효명의 할아버지인 정조 대에 이미 외척 세력이 정치에 깊이 관여하는 것을 비판하는 세력이 등장했다. 청명당(淸明黨)이라고 불리는 이들은 사림의 정국 주도를 표방하면서 결성된 비밀결사였다. 오랫동안 노론 세력이 정치를 쥐고 흔들자, 청명당의 후손이나 관련 세력들은 정치 전면에 나서지 못하고 있다가 효명세자의 대청을 계기로 다시 결집하게 되었다.

효명은 청명당 세력을 내세워 안동김씨 가문을 효과적으로 견제할 수 있었다. 효명이 등용한 김로, 홍기섭, 김노경, 이인부는 외척세력들이 나중에 '효명의 4간신'으로 지목해 숙청할 정도로 최측근 핵심이었다. 효명은 또 신진 세력을 등용하기 위해, 소수 유력가문 출신만 급제할 수 있는 과거제도의 부정과 비리를 혁파했다.

이번 과거에는 응시자와 함께 시험장에 들어가 부정을 돕는 자부터 매우 엄격히 금지하려 하니, 응시자가 과거장 문에 들어갈 때에는 각별히 두루 살펴 수행자를 반드시 낱낱이 잡아내고, 데리고 들어간 응시자도 그 즉시

이름을 알아내어 서면 보고하여 법을 엄격히 하라. —《순조실록》 27년 윤5월 20일

효명은 대리청정 기간 동안 총 50차례가 넘는 과거를 실시해서 전
국 각지의 인재를 고루 등용하려 했다.

> 입현무방(立賢無方): 조정에서는 사람을 쓰는 것이 겨우 서울 안에서만 뽑
> 아 쓰고 있으니 이것이 어찌 어진 이를 등용함에 그 출신을 가리지 않아
> 사람들에게 벼슬길이 넓음을 보여주는 뜻이겠는가. 팔도의 방법은 각기
> 경학에 밝고 재주가 우수한 선비를 천거해서 조정에서 등용할 수 있도록
> 하라. —《국보조감》 순조 29년 10월

궁밖에 나가 백성들의 삶을 돌아보기 좋아했던 효명은 어느 날 미
행 길, 창덕궁 앞 계동에 다다랐을 때 환재(桓齋) 박규수(朴珪壽·
1807~1877)와 운명적인 만남을 갖게 된다. 그는 실학자 박지원(朴趾
源·1737~1805)의 손자로 후에 근대 개화사상의 선구자가 되는 인물
이다. 두 살 터울이었던 두 사람은 친구처럼 지내며 독서와 토론을
즐겼는데, 이 과정에서 효명은 박규수의 할아버지 박지원의 사상을
접하게 된다.

연암 박지원의 시문집인 《연암집》.

효명은 박규수에게 《연암집燕巖集》 편찬을
명할 정도로, '실학과 이용후생(利用厚生)'이
라는 박지원의 북학사상에 심취해 있었다.
효명세자가 정국을 오랫동안 주도했다면 북
학사상과 개화사상을 연결시키는 데도 일조

하지 않았을까? 그랬다면 조선의
마지막은 아주 다른 모습으로 진행
되었을지도 모른다.

효명은 창덕궁 후원의 폄우사(砭
愚榭)에 자주 들러 책을 읽거나 시를
지었다. 시를 좋아한 효명은 낮에는
정사를 돌보고 밤이면 궁료들과 시
를 주고받았는데, 이렇게 남긴 시와
문장이 400여 수에 달한다. 그런 그

폄우사 앞에는 효명이 걸음걸이를 연습했다는
'팔자걸음 연습 박석(薄石)'이 남아 있다. '가
슴을 펴고 턱을 당기고' 걸어야 당당하게 걸을
수 있다고 한다. 나라를 이끌 인재들의 걸음걸
이는 당당하고 힘이 있어야 하기 때문에 왕손
들은 이곳에서 걸음 교육을 받았다.

의 예술적 재능은 궁중무용에도 고스란히 담겨 귀중한 문화유산으로
오늘날까지 전해지고 있다.

3년 3개월의 짧은 대리청정

19살에 대리청정을 시작해 이제 막 22살이 된 효명세자. 젊은 나이로
감당하기엔 너무 막중한 책임 탓이었을까, 효명의 몸과 마음은 지쳐
가고 있었다. 순조 30년(1830) 윤4월 23일 밤 10시경, 밤하늘을 가르
며 유성 하나가 떨어졌다. 불길한 조짐이었다.

전날 밤, 효명은 한 달 넘게 앓던 호흡기 계통 질환 끝에 한 사발이
나 되는 피를 쏟았다. 어릴 때도 비슷한 증상으로 탕약을 복용한 적
이 있었지만, 피를 토한 건 처음이었다. 약원에서 매일 감기약과 위

장약을 제조해 올렸지만 차도를 보이지 않자, 효명은 탕의 약재가 무엇이며 양은 얼마나 넣었는지 확인하고 직접 처방을 내렸다. 그리고 그는 자신의 약을 처방할 신료들을 궁궐 안팎에서 찾아 불러들였다. 그는 왜 의약 처방에까지 관여했던 것일까?

> 약원에서 인삼과죽음(人蔘瓜竹飮)을 올렸는데, 또 자음화담탕(滋陰化痰湯)을 달여서 들이도록 하였다. ─《순조실록》순조 30년 5월 4일

> 약원에서 자음화담탕을 올리자, 앞서의 처방 가운데서 인삼을 1전(錢) 줄이게 하였다가 또 앞서의 처방 가운데서 인삼을 1전 보태게 하여 다시 달여서 들이도록 하였다. ─《순조실록》순조 30년 5월 5일

갑작스런 왕세자의 병세.《조선 왕 독살사건》의 저자인 이덕일 소장은 이 부분에 의문을 가졌다. "공교롭게도 조선 후기에는 국왕이나 세자가 집권당과 크게 부딪치면, 건강하던 사람이 어느 날 갑자기 세상을 떠나는 것으로 정치적 갈등이 해소되는 경우가 많았다. 이 때문에 조선시대에는 독살설이 많이 등장하는데, 정조나 효명세자 같은 경우는 의약 처방에 직접 개입함으로써 독살을 막고자 했으나, 결국 의혹 속에 세상을 떠나고 만다."

5월 5일, 효명은 정약용(丁若鏞 · 1762~1836)을 불러들인다. 하지만 다산(茶山)이 효명을 진찰했을 땐 어떻게 손을 써볼 수 없는 상태였다. 다음날 새벽, 효명은 22살의 나이로 안타깝게 생을 마감한다. 희망을 걸었던 아들 효명이 죽자, 순조는 모든 의욕을 상실했다.

네가 정말로 훌쩍 떠나버렸는가, 아니면 네가 장차 벌떡 일어나 돌아올 것
인가? ……하루아침에 재앙이 내려 만사가 기왓장처럼 깨어질 줄을 누가
생각이나 하였으랴. 귀신의 짓인가, 사람의 짓인가? 슬프고 슬프다!

—《순조실록》30년 7월 12일, 순조의 친제제문(親製祭文) 중

효명과 군신의 관계를 넘어 우정을 나누며
조선의 개혁과 변화를 꿈꿨던 박규수 역시 세
자의 죽음에 충격을 받아 20년이나 벼슬에 나
가지 않고 칩거하며 오직 독서와 저술에만 몰
두했다. 자신의 호도 '굳셀 환(桓)' 자에서 입을
다문다는 뜻으로 '재갈 환(瓛)' 자로 바꾸었다.

박규수의 사상을 담은 《환재
집瓛齋集》.

춤을 통해 세상을 바꾸고 싶었던 정치가이
자 예술가였던 효명은 그렇게 짧은 생을 마감했다. 효명이 살다 간
19세기 초는 전 세계가 산업자본주의의 격랑에 휩쓸리던 시기였다.
이웃 일본은 이런 세계사의 흐름을 발 빠르게 받아들일 채비를 하고
있었다. 그리고 바로 그 시기 조선에는 무력해진 왕권과 부패한 관료
사회를 바로 잡고 새로운 조선을 꿈꾸던 왕세자 효명이 있었다.

3년여의 짧은 대리청정 기간 동안 뛰어난 정치력과 예술적 상상력
으로 국정을 장악했던 효명세자. 역사에서 '만약'이라는 가정 자체
가 무의미하겠지만 효명이 급서하지 않고 계속 집권했다면 조선의
운명은 사뭇 달라지지 않았을까?

한국사傳4

7

고려 31대 공민왕과 원(元)나라 위왕(魏王)의 딸 노국공주.

이 둘의 만남은 우연이 아니었다.

원 황실이 주도적으로 간섭하여 이루어진 정략결혼이었던 것이다.

그러나 왕비가 주도하는 일방적인 결혼 관계였던 다른 임금 부부와는 달리

그들은 서로 사랑에 빠졌다.

신화가 된 사랑
── 공민왕과 노국공주

1367
년 1월, 공민왕이 술잔을 기울이고 있었다.
부인의 영정을 앞에 둔 채였다.

아내를 잃은 지 벌써 3년째.

왕은 여전히 공주의 죽음을 부정했다.

그는 요동을 정벌하고 권문세족을 숙청했던 개혁군주였지만,

노국공주를 잃은 공민왕은 정신병에 걸린 군주일 뿐이었다.

사랑을 잃은 왕의 마지막은 시리고, 또 아팠다.

공주를 밤낮으로 생각하여…

공민왕(恭愍王 · 재위 1351~1374)은 고려의 개혁군주로 평가받는 인물이다. 고려는 이미 기울어가고 있었지만 그의 치세에 다시 한 번 화려한 전성기를 맞았다. 공민왕 뒤로도 우왕(禑王 · 재위 1374~1388), 창왕(昌王 · 재위 1388~1389), 공양왕(恭讓王 · 재위 1389~1392) 등이 재위했지만 고려는 사실 공민왕 대에서 마지막 불꽃을 태웠다.

그런 공민왕이 정신질환을 앓았다고 기록되어 있다. 과감한 개혁과 고려를 자주 국가로 세우기 위해 힘쓴 그의 치적은 뒤로하고 공민왕 개인에 대해서 역사는 정신병이라는 단어로 못 박고 있다.

노국공주와
공민왕의 영정.

그에 관한 기록은 《고려사》에 아주 세세하게 나와 있다. 139권의 방대한 양을 자랑하는 《고려사》는 고려 왕들에 대한 기록은 물론, 열녀와 간신을 포함한 천여 명의 열전까지 실은 역사서다. 조선 초기에 편찬되었으므로, 편찬자인 유학자의 사대적인 명분론이 반영되어 있으며, 고려 전기를 긍정적으로 보고 후기를 부정적으로 이해함으로써 조선 건국을 긍정적으로 파악하고 있는 것이 특징이다. 《고려사》에 실린 공민왕에 대한 평가를 살펴보자.

> 왕위에 23년 있었으며 나이는 45세였다. ……엄격하고 신중했으며 행동이 예의에 맞았다. 그러나 만년에 와서 의심이 많고 조포하며 질투가 강하였다. —《고려사》 공민왕 23년 9월

> 성품이 엄격, 중후하고 또한 자애로우며 어질어 여러 백성의 인심을 많이 얻었으나, 만년에 이르러서는 시기심이 많고 음란하여 화를 당하는 데에 이르렀다. —《고려사절요》 제26권 공민왕

공민왕의 본래 모습은 왕다웠다. 그러나 말년에는 의심이 많고 사나운 성품으로 변했다. 같은 사람으로 여겨지지 않는, 그야말로 급격한 변모의 원인은 아내의 죽음이었다. 과도하게 슬퍼한 나머지 스스로 의지를 상실한 것이다. 공민왕은 왕비의 죽음을 감당치 못했다. 손수 노국공주(魯國大長公主 · 재위 1351~1365)의 초상을 그려놓고 밥을 먹을 때에도, 슬피 울 때에도 언제나 곁에 두었다.

왕이 왕위에 올라 정성을 다하여 정치에 힘
쓰므로, 조정과 민간에서 크게 기뻐하여 태
평 시대가 오기를 기대하였는데, 노국공주가
세상을 떠난 후로는 지나치게 슬퍼하여 제정
신을 잃었다. —《고려사절요》공민왕 23년 9월

공민왕은 공주가 생각날 때마다 영정과 마
주 앉아 공주의 고향인 몽골의 음악을 듣고
또 연주했다. 시간이 흘러도 그리운 마음은
변하지 않았다. 공민왕은 생시처럼 공주를
극진히 챙겼다. 공주의 영전이 빗물에 상하

공민왕이 "공주의 초상과 마주 앉
아서 음식 드는 절차를 평상시와
같이 하였다"는 《고려사》의 기록.

지는 않는지 늘 살피고 걱정했으며, 생일에는 연회를 베풀었고, 기일
에는 직접 제사를 지냈다. 공민왕 22년, 8년이 지나도 공민왕은 여전
히 공주의 부재를 감당하지 못했다. 공주가 유독 그리웠던 10월, 공민
왕은 무덤을 찾아 제사를 지낸 뒤 그곳을 떠나지 못하고 능 밑에서 밤
을 보냈다.

신용구 정신과 전문의는 "공민왕에게 노국공주는 단순한 연애 대
상은 아니었던 것 같다. 성스럽고 때로는 정신적 지주가 될 수 있는
어머니와 같은 표상이었을 것"이라고 진단한다.

공민왕은 예술적 감수성이 남달리 풍부했다고 평가받고 있다. 그
의 유품으로 전해져 내려오는 수덕사(修德寺)의 공민왕 금(琴). 공민왕
금은 수덕사의 승려 만공(滿空·1871~1946)이 고종의 둘째아들인 이
강(李堈·1877~1955)으로부터 1899년에 물려받은 거문고다. 노국공주

공민왕의 거문고. 바닥에는 이조묵의 시가 새겨져 있다.

가 죽은 후 밤마다 슬픔을 달래려 뜯었다는 거문고엔 '공민왕 금'이란 금명이 선명하다. 거문고 바닥엔 조선시대 유학자였던 이조묵(李祖默 · 1792~1840)의 시도 새겨져 있다.

공민왕이 신령스러운 오동나무를 얻어 이 거문고를 만들었으니…….

— 이조묵의 시

공민왕이 신령스러운 오동나무를 얻어 만들게 됐다는 유래다. 음악을 사랑한 감성적인 공민왕. 그의 성품이 섬세한 만큼 슬픔은 깊었다. 공주를 잃은 공민왕의 충격은 기이한 행동으로까지 이어졌다. 공민왕 21년(1372) 10월 1일의 《고려사》 기록에는 공민왕이 항상 여자처럼 화장을 하고 있었다고 나온다. 밤낮으로 공주를 생각하다 결국 정신병이 생긴 탓이라고 역사는 판단하고 있다.

밤낮으로 공주를 생각하여 드디어 정신병이 생겼다. —《고려사》 공민왕 21년 10월

한 사람에 대한 사랑이 얼마나 깊을 수 있는지, 그 슬픔의 깊이가
고스란히 《고려사》 속에 스며들어 있다. 노국공주에 대한 사랑은 그
야말로 국경을 넘어 영혼이 통하는 사랑이었다. 고려 왕자 공민왕과
머나 먼 원나라에서 온 노국공주의 사랑은 언제, 어떻게 시작되었던
것일까? 고려가 처한 비극적 현실 속에 그 답이 있다.

고려의 왕은 원나라 공주의 아들

베이징(北京)은 공민왕이 살았던 시절에도 대도(大都)라 불리는 원나라
의 수도였다. 원나라 황제가 살았던 황도인 만큼 토성 등의 유적지가
곳곳에 남아 있다. 가로 24미터, 높이 12미터였던 토성은 600년의 세
월에 늘어버려 이제는 작은 언덕으로 변했다. 토성 내부는 공원으로

중앙아시아를 정복하고
원나라를 세운
쿠빌라이 칸의 석상.

원대 풍속화(1266년). 당시 원나라에는 수많은 이민족이 유입되었다.

꾸며져 있는데, 한편에 쿠빌라이 칸(忽必烈 · 1215~1294)의 석물을 세워두었다. 중앙아시아를 정복하고 베이징에 입성할 당시 모습이다.

원은 세계 역사상 유래가 없는 거대한 제국을 건설했다. 전무후무, 가장 넓은 영토를 소유했던 나라의 문화와 예술은 화려하게 발달했다. 이때 수많은 이민족이 유입됐고 원나라는 그들을 위한 관청을 따로 설치해 관리했다. 진따수 베이징대 고고연구소 교수에 따르면 대도성을 설계할 당시에는 외국인 관련 시설이 외성 쪽에 지어졌는데, 차츰 교류가 늘어나면서 복잡해지자 황성(皇城)의 앞부분과 지금의 왕푸진(王府井)에서 자금성(紫禁城, 쯔진청)에 이르는 북동쪽에 집중 배치되었다고 한다.

현재의 자금성은 명나라 건국 후 새로 지은 것이다. 500여 년간 스물네 명의 명나라 황제가 살기 전에 이곳에 공민왕이 있었다. 몽골족

〈원 황제 행렬도〉에는 황제를 호위하는 수많은 호위군이 묘사되어 있다.

은 원나라를 세운 뒤 투항한 정권의 자제들을 인질로 삼았다. 그들은 주로 원 황제의 호위군이 되었는데, 고려의 많은 왕들 역시 젊은 시절에 원의 수도에서 황제의 호위를 맡았다. 1341년, 열두 살의 나이에 볼모로 끌려온 어린 공민왕도 원나라 황태자의 시중을 들었다. 외롭고 두려운 볼모 생활이었다.

고려에 대한 원의 지배는 왕자를 인질로 잡아두는 것에 그치지 않았다. 그들은 고려의 왕을 마음대로 임명했고 또 폐위시켰다. 공민왕의 아버지와 형은 왕위를 두 번씩 주고받는 기행까지 겪었다. 고려의 왕권은 더 이상 존엄하지 않았다. 왕의 귀양살이도 흔했다. 공민왕의 형 충혜왕(忠惠王 · 재위 1330~1332, 1339~1343)이 왕위에서 내려오며 귀양길에 겪은 수모는 특히 모욕적이었다. 원나라 사신은 고려의 왕을 발로 차며 포박했고 또한 꾸짖기까지 했다.

> 발로 왕을 차면서 포박하였다. ……원나라 사신은 고려왕을 꾸짖었다.
>
> —《고려사》충혜왕 후4년

충혜왕은 연경(燕京, 베이징의 옛 이름)에서 2만 리 떨어진 게양(揭揚, 지에양)으로 귀양을 가야 했다. 수행하는 자가 없어 손수 옷 보따리를 들고 떠났다가 그 길로 단명하고 말았다. 충혜왕의 나이는 스물아홉이었다.

게양은 연경에서 거리가 2만 리나 떨어진 곳이다. 한 사람도 수행하는 자가 없어서 왕이 손수 옷 보따리를 들고 떠났다. —《고려사》충혜왕 후4년 12월

충렬왕 — 제국대장공주

충선왕 — 계국대장공주

충숙왕 — 복국장공주 — 조국장공주 경화공주

충혜왕 — 덕령공주

공민왕 — 노국대장공주

그것은 고려의 비극이자, 공민왕의 개인적인 원한이기도 했다. 장판 베이징대 역사학과 교수는 "원의 집권기에 고려와의 관계는 매우 특수했다"고 설명한다. 몽골은 뛰어난 군사력으로 세계를 정복했고, 몽골이 정복한 국가는 거의 멸망했는데 고려만은 무너지지 않았다는 것이다. 그러나 역시 국가의 독립을 보장받지는 못했다.

고려의 반란을 막기 위해 원은 고려의 왕과 원의 공주를 혼인시켰고 그 아들을 연경에 데려가 인질로 삼았다. 결국 몽골 공주와 결혼한 자가 고려의 왕이었고, 몽골 공주의 아들 된 자가 고려의 왕이었다. 힘들이지 않고도 효과적으로 통치하는 방법이었다. 자연히 왕권은 모계 혈통이 원나라 쪽인 왕자에게 돌아가게 됐다.

다섯 명의 고려왕은 모두 일곱 명의 몽골 공주와 결혼했다. 이들은 7명의 부인 앞에서 고려의 왕이 아닌, 신하로 살았다. 심지어 쿠빌라이 칸의 딸에게 장가든 충렬왕(忠烈王·재위

1274~1308)은 부인에게 맞고 살았을 정도였다.

> 충렬왕이 자기(제국대장공주)를 기다리지 않고 먼저 들어갔다고 욕을 하고
> 때리기도 했다. ─《고려사》

공민왕에게 원나라 공주와의 결혼은 피하고 싶은 일이었을 것이다. 그러나 공민왕은 1349년, 원나라 여인 노국공주와 결혼식을 올린다. 그것도 공민왕의 적극적인 선택에 의해서였다. 이유는 무엇일까? 바로 왕위에 오르기 위해서였다.

1344년, 형 충혜왕이 유배 길에 사망한 후 공민왕이 왕위에 올라야 했지만, 여덟 살짜리 조카 충목왕(忠穆王 · 재위 1344~1348)이 보위에 오른다. 그 후에도 충혜왕의 서자 저(眠)가 열두 살의 나이로 공민왕을 제치고 충정왕(忠定王 · 재위 1348~1351)이 됐다.

두 차례에 걸쳐 왕위계승에 실패한 공민왕은 자신의 정치적 한계를 느꼈다. 게다가 공민왕의 어머니는 고려인이었다. 공민왕에겐 든든한 후원자가 필요했다. 공민왕은 두 번째 왕위를 뺏긴 지 불과 5개월 뒤, 노국공주와 서둘러 혼례를 치렀다. 그리고 2년 뒤, 드디어 왕위에 올랐다. 반원주의자인 공민왕과 원나라 여인 노국공주의 결혼. 그것은 당연히 정략결혼이었다. 하지만 공민왕과 노국공주는 천생의 인연이 됐고, 이들은 목숨을 걸고 서로를 지켰다.

반원주의자, 원나라 공주와 사랑에 빠지다

공민왕은 고려의 대표적 화가이기도 했다. 공민왕의 것으로 전해지는 유물 한 점이 있다. 원래는 두루마기 형태였으나, 일부만 남아 있다. '수렵도'라고도 불리는 〈천산대렵도天山大獵圖〉. 사냥꾼들이 말을 타고 내달리는 광경이 정교한 필치와 깊이 있는 색조로 묘사돼 있다.

> 세밀함이 현실 같으니 진실로 세상 사람의 그림 같지 않았다. ─《열하일기》

지금 도화서에 간직된 노국대장공주의 화상과 흥덕사(興德寺)에 있는 석가모니의 산에서 나오는 그림은 모두 왕의 수적이었고, 간혹 갑제(甲第)에 산수화가 있기도 한데, 매우 기이하고 묘하였다. 공민왕은 큰 글씨를 잘 썼으며, 그림도 잘 그렸다. 아방궁(阿房宮)의 인물을 그렸는데, 작기가 파리머리만 하였다. 그런데도 갓, 적삼, 띠, 신들이 모두 갖추어져 있어 정묘하기가 짝이 없었다.

─《연려실기술》 별집 제14권 문예전고(文藝典故), 화가편

공민왕이 그렸다고 전해지는 〈천산대렵도〉.

그림과 음악에 조예가 깊었던 공민왕은 고려의 다른 왕들과는 기질이 달랐다. 예술적 감수성이 뛰어난 대신 고려의 호방한 기질

경북 안동의 영호루.

공민왕이 직접 쓴 것으로 전해지는 영호
루 현판.

과는 영 거리가 멀었다. 공민왕은 고려
라는 나라에서 사냥을 하지 않는 유일
한 왕이었고, 심지어 말도 타지 못했다

공민왕과 노국공주는 정략결혼으로 만났지만 감성의 코드가 일치
했다. 이들의 사랑이 얼마나 깊었는지 공민왕 8년(1359) 4월의 기록
에 나타나 있다. 신하들은 노국공주에게 후궁을 들이자는 청을 한다.
이때가 결혼 11년차, 혼인한 지 10년이 넘도록 공민왕은 후궁을 들이
지 않았던 것이다. 그러나 부부에게 아이가 없었기에 대신들의 청은
이뤄질 수 있었다.

공주가 아들이 없으니 명문집 딸로서 아들을 낳을 만한 여자를 선택할 것
을 청하였다. —《고려사》공민왕 8년 4월

한국사傳 4 │ 신화가 된 사랑•공민왕과 노국공주 │

공민왕과 노국공주의 사랑은 시련을 이기며 돈독해졌다. 20만 명의 홍건적이 무서운 속도로 남진해 20일 만에 평양이 함락되고 두 달 후 개경까지 넘어갔을 때, 공민왕과 노국공주는 피난을 떠났다. 길은 험했고, 왕의 옷은 젖고 얼었다. 공민왕은 불을 피워 몸을 녹였다.

한 달 뒤, 12월. 마침내 공민왕 일행은 안동에 도착했다. 안동의 대표적인 정자인 영호루(映湖樓)에는 당시 공민왕의 흔적이 남아 있다. 안동에 머물던 공민왕이 내린 사액(賜額)이다. 공민왕은 영호루를 자주 찾으며 신심을 추스렸다.

왕이 영호루에 갔다가 배를 타고 놀았으며 호숫가에서 활을 쏘았다.

―《고려사》공민왕 10년 12월

고려 개국공신들의 위패를 모신 태사묘(太師廟)에도 공민왕이 안동 주민들에게 고마운 마음을 담아 선물했다고 전해지는 유물들이 남아 있다. 색실로 복숭아꽃, 나리꽃, 무궁화, 모란 등을 수놓은 비단이다. 모란 무늬로 장식된 금대(金帶)과 혁과대(革銙帶)도 남아 있는데, 관직에 많이 등용되라는 뜻이 담겨 있다. 공민왕이 직접 사용했다고 전해지는 은식기도 남아 안동 백성들의 식복을 축원하고 있다. 노국공주가 사용했던 부채도 있다. 부채살이 없는 특이한 모양의 비단 부채다.

안동의 옛 이름을 딴 읍지인 《영가지永嘉誌》에는 공민왕이 안동을 도호부(都護府)로 승격시킨 이유가 기술돼 있다. "공민왕이 피난하여 안동에 머물 때 고을 사람들이 지극정성으로 공손하였으며 개성을 다시 되찾는 데도 안동 주민들의 도움에 크게 의지하여, 왕은 안동을

공민왕이 안동 주민들에게 내린 선물들. 안동태사묘삼공신유물(安東太師廟三功臣遺物)이라 하여, 고려시대
관제와 복식을 연구하는 데 중요한 자료가 된다. 보물 제451호.

다시 대도호부로 승격시켰다"는 기록이다.

배영동 안동대 박물관장은 "공민왕이 안동을 떠날 때에 '안동이 나
를 중흥시켰다'고 이야기했고, 대도호부로 승격시켰을 뿐만 아니라
세금을 면제해주고 여러 가지 선물을 내렸다. 안동부민들이 합심해
서 공민왕이 잘 머물 수 있도록 도와준 데 대한 고마움을 표현한 것"
이라고 설명한다.

안동 주민들이 재현한 놋다리밟기. 인다리를 놓아 노국공주를 모시는 장면이다.

그때부터 안동에 전해져 내려오는 '놋다리밟기'(경상북도 무형문화재 제7호)라는 놀이가 있다. 놋다리밟기는 실 감기, 실 풀기, 놋다리의 세 가지 춤으로 구성돼 있다. 포로나 다름없는 공민왕이 그 신세에서 벗어나는 것이 실 감기와 실 풀기, 그리고 노국공주가 안동 주민의 정성으로 무사히 다시 길을 가는 것이 놋다리다.

김경희 안동놋다리밟기보존회 예능보유자는 놋다리밟기의 유래에 대해 "안동에 도착한 노국공주가 개울을 건너게 됐는데, 왕의 일행을 맞이하러 나갔던 안동대도호부의 부녀자들이 자진해서 엎드려 인(人)다리를 놓아서 노국공주를 무사히 건너게 했던 것을 놀이로 만들어 기억하는 것"이라고 설명한다. 안동 사람들은 노국공주를 극진히 대접했고 공민왕은 깊이 감동했다. 지금도 안동에서는 해마다 노국공주를 기리는 제사를 지내며 잔치를 벌인다.

시련의 시기, 사랑은 상하지 않고 오히려 깊어졌다. 노국공주는 안

서울 마포의 광흥창 터에 있는 공민왕 사당. 공민왕과 노국공주가 함께 모셔져 있다.

동에서 공민왕을 설득해 말 타는 연습을 시키기도 했다. 두 사람은
천생의 배필이었다.

> 왕과 공주는 밤이면 후원에 나가서 말 타기 연습을 하였다. —《고려사》 공민왕 10년

어려운 시기에 안동에서 몸과 마음을 가다듬
으며 2년여를 보내던 어느날(1363년 윤3월), 괴
한 50여 명이 공민왕의 처소인 흥왕사(興旺寺)에
침입했다. 반역이었다. 그런데 목숨을 걸고 그
녀가 나섰다. "저 방에 들어가려거든 나의 목을
베고 가라." 반란군은 원나라 공주의 기세에 역
모를 포기했다. 이형우 서울시 문화재과 팀장
은 "노국공주가 호응하지 않았다면 공민왕의
반원개혁은 불가능했다"면서, 그 이후 "흥왕사

사당에 모셔진 공민왕과 노국공주의 영정.

의 난 등을 볼 때 노국공주는 공민왕과 단순한 개인적인 부부관계를 넘어 정치적인 파트너가 아니었을까" 하고 추측한다.

공민왕과 노국공주의 사랑 이야기는 백성들의 입에서 입으로, 7세기가 지나도록 이어졌다. 서울 마포의 광흥창(廣興倉) 터엔 공민왕의 사당이 있다(등록문화재 제231호). 사당에는 노국공주의 영정도 함께 있다. 사당에 부부를 함께 모시는 경우는 거의 없지만 공민왕은 노국공주와 따로 떼어 생각할 수 없는 존재인 것이다.

숙청의 칼끝은 원나라를 향했다

노국공주는 공민왕의 든든한 후원자이기도 했다. 노국공주의 사랑을 배경으로 공민왕은 거침없는 개혁정책을 펼쳐나가게 된다. 공민왕 5년(1356), 반원이라는 기치를 건 피의 숙청이 시작되었다. 왕은 연회를 베푼다는 구실로 친원세력을 모두 대궐에 모이게 하고, 장사를 매복시켜두었다가 철퇴를 휘두르게 했다. 기철(奇轍)과 그의 아들 유걸(有傑), 조카 소감(少監)과 그 측근 권겸(權謙) 등, 기씨 일당은 대부분 이날 그 자리에서 즉사했다. 대대적인 숙청이었다.

> 장사를 매복시켜 두었다가 불의에 기철을 철퇴로 내리치니, 철이 즉시 넘어져 죽었고 권겸은 피하여 달아나는 것을 쫓아가 죽이니 피가 궁문에 낭자하였고, …… 칼날이 길에 가득하였다. —《고려사절요》제26권 공민왕 5년 5월

하지만 기철 일당의 처단은 위험한 선택이었다. 기철은 바로 원나라 기황후(奇皇后)의 친오빠였기 때문이다. 누이가 황후이고, 조카가 황태자였던 기철은 오만함이 도를 넘어 왕 앞에 스스로를 신하라고 칭하지도 않았다.

> 평장사 기철이 왕에게 시(詩)를 올려 치하하였는데 신(臣)이라 일컫지 않았
> 다. —《고려사절요》제26권 공민왕 5년 2월

기철을 비롯한 친원파는 고려를 원의 속국으로 만들고자 했다.

> 이운, 조익청, 기철 등이 백성들을 안착시키기 위해 고려를 원나라의 한 성
> 으로 만들어달라고 원황제에게 상소하였다. —《고려사》충혜왕 후4년

원나라에 기댄 권문세족들은 아녀자를 범하고, 돈으로 관직을 사고팔고, 각지에 농장을 만들어서 수탈했다. 권력을 위해서라면 그들은 자신의 딸조차 원나라에 기꺼이 조공했다.

홍영의 국민대 연구교수는 "친원세력들이 막강한 영향력을 가지고 인사권을 점령하거나 고리대금업을 하는 등 경제적, 정치적 수탈을 자행했기 때문에 개혁적인 공민왕에게는 첫 번째 척결대상이었을 것"이라고 설명한다. 공민왕은 계엄령을 선언한 뒤, 이것이 공정한 처사였음을 원에 알렸다. 기철이 권력을 빙자해 임금의 통제에서 벗어났고, 심지어 국법도 제 멋대로 운용했다고 보고했다.

공민왕이 친원세력들을 제거할 당시, 원나라는 각종 농민 반란 등

으로 흔들리는 말기였다. 고려에 정벌군을 보내기엔 역부족인 상황이었다. 공민왕은 이 정세를 노렸다. 원이 고려에게 보복할 만한 여력이 없다고 판단한 것이다.

사실 원의 지배로부터 벗어나 자주 국가 고려를 건설하고자 했던 공민왕의 계획은 원나라에서 귀국한 직후부터 이미 여기저기서 구체적으로 나타나고 있었다. 먼저 100여 년간 이어지던 풍습을 바로잡기 위해 왕 자신부터 변발을 풀고 몽골복을 벗었다. 풍습을 바꾸기란 쉽지 않다. 우리 고유의 것으로 알고 있는 전통혼례에도 몽골의 풍습이 스며들어 남아 있으니 말이다. 신부의 족두리나 연지곤지가 그렇다.

공민왕은 또한 원의 연호 사용을 금지하는 한편, 고려에 설치된 원나라 관아인 정동행성(征東行省)을 폐지시켰다. 이것은 시작에 지나지 않았다. 공민왕에겐 더 큰 포부가 있었다. 쌍성총관부(雙城摠管府)를 격파하고 잃어버렸던 북방 영토를 수복한 것이다. 고려의 땅을 되찾는 데 불과 두 달이 걸렸을 뿐이었다. 고려 고종(高宗·재위 1213~1259) 무오년에 원나라에 함몰된 뒤 무려 99년 만에 이룬 눈부신 성과였다.

북벌에 대한 공민왕의 야심은 여기서 멈추지 않았다. 그는 고구려의 옛 땅까지 수복하겠다고 결심했고, 마침내 요동을 점령한다. 원명 교체기에 국제질서의 틈바구니를 절묘하게 이용해서 잠시나마 요동을 차지한 것이다. 공민왕의 목표는 한 가지였다. 자주 독립 국가, 고려. 노국공주에겐 자신이 자란 모국을 배반하는 것이었지만 공민왕의 가장 큰 조력자이자 동반자는 바로 노국공주였다.

공민왕의 거침없는 개혁에 기득권층의 반발은 극심했다. 《고려사절요》의 기록을 보면, 왕이 전답을 몰수하고 조세를 추징하자 그들은 오히려 그 제도를 폐지할 것을 요구했다. 그러자 공민왕은 권문세족에게 이런 말로 응수한다. "좀도둑이 밤에 다니면서 달 밝음을 미워하는 격이구나." 공민왕의 개혁정책은 재위 기간 내내 지속적으로 추진됐다. 공민왕은 무려 네 번에 걸쳐 개혁교서를 발표하는데, 빼앗긴 토지를 돌려주고 노비의 신분을 회복시켜주는 등 파격적인 신진 정책을 펼쳐나갔다.

> 원로, 대신, 사대부들은 번갈아 입시하여 권세 있는 자에게 빼앗긴 전택과 노비로 인해 생긴 여러 해 묵은 소송과 원통하고 오래 묵은 옥사를 잘 살펴 심리하라. ……시정의 득실과 민간의 이해에 대하여 직언하고 숨기지 말지어다. ―《고려사절요》제26권 공민왕 원년 8월

노국공주와의 사랑과 거침없는 고려의 개혁. 그러나 행복한 시간은 여기까지였다. 공민왕의 말로엔 비극이 기다리고 있었다. 16년만에 첫 임신을 한 공주가 위중했다. 산달이 되어 병이 위독해지자 공민왕은 일급 죄인까지 사면하며 무탈을 빌었다. 그러나 공민왕의 염원은 배신당했다.

> 왕은 분향하며 단정히 앉아서 잠시도 공주의 곁을 떠나지 않았으며 공주는 이내 죽었다. 왕은 비통하여 어쩔 줄을 몰랐다. ―《고려사》후비열전

> 나라를 가지고 가정을 가지는 데 배필보다 더 중요한 것은 없다. 이렇게 내

조의 공을 세운 이에 대해서는 더욱 잊을 수 없는 것이다. 노국공주 덕에 우리나라가 오늘까지 존속하게 되었다. 영원히 국가를 지키고 함께 살아야 할 터인데 그만 세상을 떠났구나! 슬픈 마음은 더욱 깊어만간다.

—《고려사》후비열전

정신병에 걸린 개혁 군주

개성시 개풍군에 노국공주의 정릉(正陵)이 있다. 그리고 그 곁엔 공민 왕의 현릉(顯陵)도 있다. 고려시대에 왕과 왕비를 함께 모신 유일한 쌍릉이다. 노국공주의 능을 만들며 공민왕은 쌍릉을 계획했고, 또 한 편에서는 대규모 토목 공사를 진행시켰다. 광통보제선사(廣通普濟禪 寺)의 건축을 명한 것이다. 3천 명의 승려가 지낼 수 있는 영전이자, 공주의 초상화를 걸어둘 전각이었다. 광통보제선사의 부역엔 모든

광통보제선사 터.

관원들이 일할 사람들을 내어 나무와 돌을 운반했다. 그로 인해 '어기어차' 하는 소리가 천지를 진동하며 밤낮으로 끊이지 않았다고 한다. 짐을 나르다 죽은 소는 길에 연이어 넘어져 있었다.

공주가 죽은 지 8년이 지났어도 공민왕은 여전히 슬픔을 제어하지 못하고 다른 여자들을 가까이하지 않았다.

> 태후가 또 묻기를, "어찌하여 비빈(妃嬪)들을 가까이하지 않소" 하니, 왕이 말하기를, "공주만한 사람이 없습니다" 하고, 눈물을 흘리며 울었다. 태후가 말하기를, "한 번 죽는 것은 당연한 이치요. 왕도 마침내 죽음을 면하지 못할 텐데, 어찌 그다지도 심히 슬퍼하시오. 남의 웃음거리가 될까 두려우니, 아예 다시는 그렇게 하지 마시오" 하였다. —《고려사절요》제29권 공민왕 22년 3월

슬픔에 빠진 공민왕은 정사를 돌보기도 벅찼다. 대신 신돈(辛旽·?~1371)을 등용해 정사를 일임했다. 신돈을 통해 개혁정치를 이어가고자 했지만 그는 곧 타락했다. 공민왕이 슬픔에서 헤어나지 못할수록 신돈의 권력은 막강해져만 갔다. 백관들은 궁궐로 가지 않고 그의 집으로 출근했다. 결국 공민왕은 신돈을 주살한다.

공민왕이 마지막으로 의지했던 신돈의 사망 직후, 그는 자제위(子弟衛)를 설치한다. 미소년들로 이뤄진 경호 집단이었다. 공민왕은 자제위를 늘 곁에 두고 새로 맞은 왕비조차도 가까이 하지 않았다. 이 무렵부터 《고려사》는 공민왕을 정신이상으로 보고 있다.

> 공주가 죽은 후에 여러 왕비를 받아들이기는 했으나 별궁에 두고 가까이

하지 않았으며, 밤낮으로 공주를 생각하여 드디어 정신병이 생겼다.

—《고려사》 공민왕 21년

공민왕은 극도로 문란해져갔다. 자제위 소년들의 밤을 훔쳐보는 것은 예삿일이었다. 왕비와 후궁들을 멀리하며 여장을 하고, 또한 지나치게 총애한 자제위까지. 고려사의 기록은 차마 입에 담기 부끄러울 정도다.

> 왕이 익비(益妃)의 궁에 행차하여 홍륜, 한안, 김흥경 등을 시켜 익비를 간통하게 하자, 익비가 이를 거절하므로 왕이 칼을 뽑아 치려고 하니, 익비가 두려워서 복종하였다. —《고려사절요》 제29권 공민왕 22년 2월

> 항상 스스로 화장을 하여 부인의 형상을 하였다.

—《고려사절요》 제29권 공민왕 22년 2월

> 김흥경과 홍륜 등을 불러들여서 난잡한 행동을 하게 하고, 왕은 곁방에서 문틈으로 엿보았다. —《고려사》 공민왕 21년

그렇게 2년이 지난 1374년 9월, 공민왕은 총애하던 자제위에 의해 어이 없이 살해당한다. 고려의 개혁 군주로 23년, 노국공주의 남편으로 16년, 그리고 그리움에서 헤어나지 못한 채 9년. 마흔다섯 살 왕의 죽음은 허무했다.

개혁과 사랑을 함께 하다

공민왕은 생전의 바람대로 노국공주의 곁에 잠들었다. 공민왕과 노국공주의 쌍릉은 고려의 왕릉 가운데 가장 아름다운 능으로 평가받고 있다. 죽음조차 그들을 갈라놓지 못하도록 공민왕의 현릉과 노국공주의 정릉 내부는 작은 통로로 연결되어 있다. 영혼의 길이 놓인 것이다. 공민왕과 노국공주의 지극한 사랑은 고려가 패망하고 조선이 들어선 뒤에도 곧잘 회자됐다.

내가 어찌 공민왕이 노국공주에게 하듯이 할 것이냐.

—《세종실록》세종 2년 12월 27일

조선의 정수를 관통하는 종묘(宗廟)는 조선의 임금과 왕비가 아니면 모실 수 없는 곳이다. 그런데 이곳에 공민왕이 있다. 그리고 공민왕의 곁에 노국공주도 있다. 공민왕을 모시기 위해선 노국공주도 함께 있어야 했던 것이다.

이형우 박사는 "공민왕과 노국공주의 관계가 다른 왕의 부부관계와는 달랐기 때문에, 그것을 전해 들은 신하들이나 백성들은 공

공민왕과 노국공주의 쌍릉을 지키고 있는 석상들.

211

정릉과 현릉은
작은 구멍으로 연결되어 있다.

민왕이 가시는 데는 노국공주가 같이 가야 되고 노국공주가 가시는
데는 공민왕이 같이 가야 된다는 민간신앙을 갖게 되었다. 그 때문에
공민왕 사당의 영정이라든지 종묘에 있는 공민왕 영정이 노국공주의
영정과 함께 만들어진 것"이라고 설명한다. 공민왕과 노국공주의 사
랑은 역사의 신화가 된 세기의 사랑이었다.

공민왕은 노국공주의 지지를 힘입어 고려를 자주적인 독립 국가로
세우고, 기울어가던 역사를 다시 일으켜 세우기 위해 절치부심했다.
그러나 조선은 아내를 잃은 공민왕의 말년을 강조함으로써, 공민왕을

부패하고 정신을 놓아버린 반쪽짜리 군주로 정의하고 있다. 고려의 왕을 폄훼함으로써 조선 건국의 명분을 세우려 한 것이다.

그러나 이들도 공민왕과 노국공주의 사랑까지는 모욕하지 못했다. 《고려사》 곳곳에는 이 두 사람의 든든한 파트너십과 변치 않는 신뢰에 대해 분명하게 새겨져 있다. 쇄락하고 있던 고려의 마지막 부흥기는 이들의 사랑이 있어 가능했고, 이 사실은 650년이 지난 지금까지도 분명하게 기억되고 있다.

한국사傳 4

8

아버지가 아들을 죽였다!

임금인 시아버지와 왕세자 남편, 그리고 왕세손으로 지명된 아들.

그 사이에 한 여인이 있었다.

조선왕조 최대의 비극적인 사건을 온몸으로 받아낸

혜경궁 홍씨의 이야기, 그것은 피눈물의 기록이었다.

참고참아
하늘만부르짖었다
— 혜경궁 홍씨

조선 궁중문학의 백미 《한중록》의 작가, 혜경궁 홍씨는
널리 알려진 비운의 주인공 사도세자의 부인이자,
정조 임금의 어머니이다.
정치와 권력을 두고 벌어지는 남성들의 싸움, 그 틈바구니에서
한 아버지의 딸이면서 왕실의 며느리요, 아내, 어머니로서 살아야 했던 여인.
이 모든 것을 숙명으로 받아들여야만 했던
조선시대 여인의 모습이 그녀의 기록에서 그대로 살아난다.

궁중 여인의 피눈물을 담은 기록

2008년 5월 14일, 서울 국립국악원에서 특별한 공연이 펼쳐졌다. 제 28차 국제출판인협회 총회를 기념하기 위해 마련된 공연이다. 1795 년에 정조가 어머니 혜경궁 홍씨(惠慶宮 洪氏 · 1735~1815)의 회갑을 맞 아 베푼 진찬연을 재현한 무대였다.

　이날 공연의 하이라이트는 정조가 혜경궁에게 《한중록閑中錄》을 헌

국립국악원에서 공연된 〈책을 위한 진헌〉. 정조가 혜경궁에게 《한중록》을 바치고 있다.

혜경궁 홍씨가 쓴 《한중록》.

정하는 장면이었다. 실제로 혜경궁이 《한중록》을 집필한 것은 회갑
잔치가 끝난 직후였지만 공연에서는 연찬자리에서 정조가 책을 바치
는 형식으로 재구성했다. 온갖 세월의 풍상을 이겨내고 성대한 회갑
연을 맞이하는 이 자리야말로 그녀는 물론 아들 정조에게도 특별한
감회로 다가왔기 때문이다.

　《한중록》은 혜경궁이 회갑연을 맞은 1795년부터 70세가 되던 해까
지 10여 년간 4차례에 걸쳐 자신의 일생을 회고하면서 써내려간 기
록이다. 여기에는 남편 사도세자(思悼世子 · 1735~1762)가 비극적인 죽
음에 이르게 된 경위는 물론, 아들 정조가 왕위에 오르기까지의 과정
과 친정집 식구들에 밀어닥친 정치적 참화에 관한 내용들이 담겨 있
다. 책의 곳곳에는 60여 년 세월 동안 그녀가 가슴에 묻어두었던 억
울하고 원통했던 심정들이 절절히 기록되어 있다.

《한중록》은 한중만록,
또는 읍혈록이라고도 불린다.

나는 남편을 따라 죽지 못한 죄를 지었다.

나는 어미로서의 도리도 다하지 못한 여인이었다.

나 때문에 친정 식구들이 억울한 죽음을 당했다.

세상에 나 같은 사람이 어디 있겠는가. 억울하고 원통할 뿐이다.

―《한중록》

　　그런데 이 책의 제목은 한 가지가 아니다. 설움과 한의 기록이라는
뜻으로《한중록閒中錄》, 궁궐 여인이 한가롭게 쓴 이야기라는 의미로
《한중만록閒中謾錄》, 또는 피눈물을 흘리며 쓴 기록이라는 뜻으로《읍
혈록泣血錄》이라고 불리기도 한다.《승정원일기》에는 '읍혈록'이라는
명칭에 대한 고종의 주장도 등장한다.

외간에서 전하는 바로는 혜경궁이 피눈물을 흘리면서 썼기 때문에《읍혈록》이라고 한다는데, 이것은 그렇지 않다. 정묘(정조)께서 일찍이 이 책을 보시고 피눈물을 흘렸기 때문에 혜경궁이 이 책명을《읍혈록》이라고 해도 좋겠다고 한 것이다. —《승정원일기》고종 36년 7월 17일

《한중록》을 편역한 정은임 강남대학교 국어국문학과 교수는 이 책의 제목에 대해 "작자가 붙인 이름은 아니다. 그러나 작품의 내용에 따라 제목을 다시 붙인다면 제1편은 진짜 한가할 때 썼기 때문에《한중만록》이 어울리고, 2편과 3편은 피눈물을 흘리며 기록했기 때문에《읍혈록》이 맞을 것이고, 마지막 4편은 한 많은 자기의 생을 뒤돌아보면서 썼기 때문에《한중록》이 될 것"이라고 설명한다.

아홉 살 홍씨, 임금님을 뵙다

그녀의 기억은 9살이 되던 영조 19년(1743)으로 거슬러 올라간다.

> 그해 나라에서는 간택단자를 올리라는 명이 내렸다. 그러나 그때 우리 집은 심하게 빈곤하여 옷을 새로 해 입을 방법이 없었다. —《한중록》

조선시대 왕비나 세자빈을 선발하는 절차는 복잡하고 까다로웠다. 국혼이 결정되면 나라 전체에 금혼령을 내리고 명문가의 규수를 대

상으로 세 번에 걸친 심사(삼간택)를 거쳐 최종적으로 배우자를 선발했다. 영조의 세자가 가례를 올릴 나이가 되자 가난한 집안의 딸인 홍씨에게도 간택령이 내려졌다. 혜경궁은 서둘러 언니의 혼수에 쓸 천으로 치마를 만들고 낡은 천으로 속옷을 지어 입은 채 궁궐로 나아가야 했다.

난생 처음으로 임금님을 뵙는 자리였다. 영조는 어린 혜경궁을 보고 "내가 아름다운 며느리를 얻었도다! 너를 보니 네 할아버지 생각이 나는구나"라며 단번에 마음을 결정했다. 혜경궁의 집안은 가난했지만 조선에서 손꼽히는 명문가문이었다. 6대조인 홍주원(洪柱元)은 선조의 딸 정명공주(貞明公主 · 1603~1685)와 결혼한 임금의 부마였다. 왕실의 사돈가문이었던 것이다. 고조할아버지 홍만용(洪萬容)은 예조판서를 지냈고, 영조가 말한 할아버지 홍현보(洪鉉輔)도 예조판서를 역임했다.

혜경궁의 집안인 풍산홍씨는 노론계의 명문가였으며, 영조의 정치색과 유사한 성격을 갖추고 있었다. 게다가 영조는 생모가 무수리 출신이었기 때문에 자식과 손자가 정통 명문가의 정부인 소생으로 태어나기를 원했다.

장차 일국의 임금이 될 세자의 빈은 사대부가의 여인이 꿈꿀 수 있는 최고의 지위였다. 뿐만 아니라 친정집안도 왕실의 외척이 되어 부와 권세를 보장받을 수 있는 영광스런 기회였다. 그러나 왕실의 외척이 된다는 것은 반드시 기뻐할 만한 일은 아니었다.

아버지께서는 미리 내게 경계하며 말씀하셨다. "세상 경험 없는 선비의 집

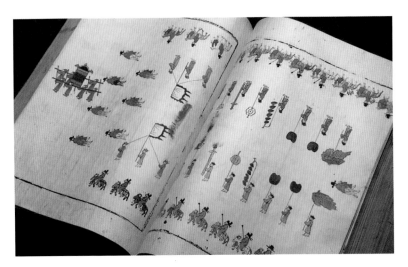

사도세자와 혜경궁 홍씨의 가례를 묘사한 〈헌경왕후 가례반차도〉.

이 갑자기 왕실의 외척이 된다면 이는 복의 징조가 아니라 화의 시초일 듯 싶습니다." 그때 궁중에 들어오지 않았더라면, 우리 집안의 재앙은 없었을 것이다. 그것이 후회스럽고 한이 되는구나. ―《한중록》

한번 들어가면 영원한 이별이 될 궁궐 생활. 더구나 시집살이를 하기에 아직 너무 어린 딸이었다. 그러나 아무것도 모르는 어린 소녀는 이제 곧 정든 집과 부모님 곁을 떠나야 한다는 막연한 서러움과 두려움뿐이었다.

집에 머물 날이 점점 줄어들자 내 마음은 갑갑하고 슬프고 서러워 밤이면 부모님 품에서 잤다. ―《한중록》

처음 간택에 임한 지 5개월만인 이듬해 정월, 혜경궁은 동갑내기 사도세자와 혼례를 치렀다. 10세의 철부지 소녀는 이제 일국의 세자빈이 되었다. 손이 귀하던 조선왕실로서는 예쁘고 귀여운 며느리였다. 하지만 궁중의 법도는 지엄한 것이었다. 왕실의 여인이 된다는 것은 일반 사대부가의 여인보다 한층 더 엄격한 처신과 법도를 지켜야 하는 것을 의미했다. 왕통을 이을 후계자를 생산하는 위치에 있었기 때문이다.

> 영조: 눈이 넓어도 궁중에서는 보통 모르는 척하여 결코 아는 빛을 보이지 말아야 할 것이다. —《한중록》

> 사치는 부끄러운 일이니 몸소 검소함을 실천하고 반드시 일에 부지런하라. 다스림은 내조로부터 시작되는 것이니 왕실을 만년토록 공고하게 하고, 복은 하늘이 거듭 명하는 데서 시작되는 것이니 자녀와 후손이 백세토록 면면히 이어가게 하라. —《영조실록》 영조 20년 1월 9일, 영조의 교명문

어린 혜경궁과 사도세자는 창경궁에서 결혼생활을 시작했다. 부모님 품을 떠나 낯선 궁궐에서 엄격한 궁중법도를 지키며 생활해야 했지만 그래도 행복한 나날들이었다. 친정집에도 경사가 거듭되었다. 결혼 당시 혜경궁의 친정아버지 홍봉한(洪鳳漢 · 1713~1778)은 최말단의 하급관리(세마, 정9품)였다. 하지만 그는 딸을 왕실로 시집보내면서 광주부윤(종2품), 승지(정3품), 참의(정3품)으로 초

혜경궁 홍씨의 친정아버지 홍봉한의 영정.

창경궁 경춘전. 혜경궁 홍씨는 이곳에서 정조를 낳았고, 후에는 이 자리에서 생을 마감했다. 여러 왕후들이
거처하였던 곳이다.

경춘전 현판. 혜경궁의 손자인 순
조의 어필이다.

고속 승진을 거듭하기 시작했다. 그리고 불

과 9년 만에 예조판서(정2품)에 이르게 된다.

궁으로 들어온 지 9년만인 18세가 되던

해, 마침내 혜경궁은 왕위를 이를 세손, 즉

후일의 정조를 출산했다. 영조의 기쁨도 컸다.

> 지난 시절의 빛나는 발자취를 더욱 빛내 훌륭한 손자를 보고, 늘그막에 손
>
> 자를 안는 기쁨이 있으니, 우리 아들이 가상하다. ……태자가 태어나던 때
>
> 가 엊그제 같은데, 선조에서도 드물었던 경사를 오늘에 보게 되었다.
>
> —《영조실록》영조 26년 8월 29일, 영조의 교서

이때 궁중에 복록이 끊이지 않고, 친정집이 번성하여 모든 궁인들이 나를

우러러 칭찬하고 축하하였다. 이때 내 팔자를 누가 부러워하지 않았겠는

가! —《한중록》

남편에게는 마음의 병이 있었다

그러나 행복했던 시절도 잠시, 혜경궁의
삶에는 비극의 그림자가 드리우기 시작
했다. 세손을 낳고 행복감에 젖어 있던
그때, 남편 사도세자에게 정신질환의 징
후가 나타나기 시작한 것이다.

왕세자에게 병환이 있었다는 내용을 기
록한 《한중록》의 본문.

> 10여 년 이래로 불행히 병이 있는데 치료할 수가 없었으며 또한 지적할 만
> 한 형상도 없어 병 아닌 병이 더했다 덜했다 끝이 없었고, 조정에 임하여 정
> 신을 차리면 실수하지 않는데, 내전에 있어 임의로 맡겨두면 실로 숨겨진
> 근심이 많았습니다. —《영조실록》영조 38년 8월 26일, 홍봉한의 차자

　결혼했을 당시 혜경궁에게 비친 사도세자는 총명하고 너그러운 인
품의 소유자였다.

> 동궁의 글 읽는 소리도 크고 맑았으며, 글의 뜻을 이해함에도 그릇됨이 없
> 으니 뵙는 사람마다 동궁의 거룩하심을 일컬어 궁중 밖에서도 좋은 명성이

많이 떠돌았다. —《한중록》

　그러나 총명한 사도세자에게는 그늘이 있었다. 아들을 대하는 부왕 영조의 태도는 서먹서먹하기 그지없었고 아들 사도세자도 아버지를 지나치게 두려워하고 있었다. 친정집에서는 겪어보지 못한 상황이었다.

　　10세 된 아기네가 감히 마주 앉지도 못하였고 신하들처럼 몸을 굽혀 엎드리고 보셨으니 어찌 그리 지나치게 하셨던가 싶다. —《한중록》

영조의 어진. 영조는 조선 제21대 왕으로 조선 임금 가운데 가장 오랜 기간인 52년을 재위하면서 탕평책 등 각 분야에 걸쳐 두루 치적을 남겼다. 보물 제932호.

　영조는 아들의 옷차림새부터 공부 태도에 이르기까지 모든 일에서 항상 엄하게 꾸중했다. 그러나 김문식 단국대 사학과 교수는 영조가 엄했다고 해서 사도세자를 싫어한 것은 아니었을 것이라고 말한다. 영조 자신이 어려운 과정을 거쳐서 왕이 되었으므로 자식이 좋은 교육을 받고 훌륭한 국왕이 되기를 바라는 어버이의 마음이었을 것이라고 분석한다. 다만 방법이 너무 엄격했다는 것이다.

　영조는 학문을 좋아하고 부지런하며 매사에 민첩한 성격의 군주였다. 그러나 감정의 기복이 심하고, 사람을 대할 때 심한 편견을 갖고 대하곤 했다.

두 부자분의 성품은 너무 달랐다. 경모궁(사도세자)께서는 말씀이 없고 효성이 깊고 덕량이 거룩하셨지만 행동이 민첩하지는 않으셨다. —《한중록》

평소에는 명민하고 온화한 성품의 사도세자였다. 그러나 아버지 앞에만 서면 두려움 때문에 대답을 빨리 하지 못하고 우물쭈물하는 일이 잦았다. 그럴수록 영조의 꾸중은 더 엄해져가고, 아들은 점점 더 부왕을 두려워하고 기피하게 되었다.

민성길 연세대학교 의과대학 교수는 이러한 부자관계가 날이 지날수록 아버지는 더 엄해지고 아이는 소심해지는 악순환의 연속이라고 분석한다. 조그만 흠집이라도 있으면 아버지는 그것을 야단치고, 아이는 반발하면서도 책잡히지 않기 위해 세심해지다 보니 강박증이 생긴다는 것이다.

사랑했고 기대가 컸기에 엄하게 가르쳤던 아버지. 그러나 아들에게 아버지는 단지 두려운 존재로 비칠 뿐이었다. 왜 아버지 영조는 아들을 엄격하게만 가르치려 했을까? 이 점에 대해 혜경궁은 안타까운 마음을 표현한다.

영묘(영조)는 똑똑하고 모든 일을 자상하게 살피는 성품이었다. 그런데 끔찍이 소중한 자신의 아들이 병드는 것은 깨닫지 못하셨다. 혹 아드님을 못 미더워하시더라도 사랑으로 가르쳐주셨더라면 어땠을까. —《한중록》

한 번 꼬인 부자관계는 점점 더 깊은 오해와 갈등으로 이어졌다. 영조 33년(1757) 2월, 중전 정성왕후가 병으로 자리에 누웠을 때 사도세자는 극진히 병간호를 했다. 정성왕후는 비록 생모는 아니었지만 세자를 친아들 이상으로 극진히 사랑해주었기에 사도세자의 슬픔은 더욱 컸다.

> 소조(사도세자)께서는 대비전에 대한 말이 미치면 눈물을 흘리지 않은 적이 없었다. 이는 평소 부왕에게서 얻지 못한 사랑을 대비전으로부터 받으셨기 때문이었다. —《한중록》

이때 영조가 병문안을 오면서 상황은 급변했다. 아버지를 보자마자 세자는 어쩔 줄 몰라하며 방구석에서 엎드려 고개를 숙이고만 있었다.

> 아무리 부왕이 무서워도 우시고 싶으면 울고, 인삼차도 계속 흘려 떠 넣으시고, 병환증세라도 말씀이나 올렸으면 좀 나았을 것이다. 그런데 방 한구석에서 황송해하며 엎디어 있으시니, 아까 그 모습을 영묘께서 어찌 아시겠는가. —《한중록》

영조는 다짜고짜 세자의 옷차림새에 대해 불같이 야단쳤다. "내전 병환이 이러한데, 너는 어찌하여 몸차림새가 그 따위냐!" 병간호를 하느라 흐트러진 옷매무새와 행전 때문이었다. 자꾸만 엇나가는 부자 사이였다. 그러나 지엄한 국왕과 세자 간의 갈등에서 어린 며느리이자 아내가 할 수 있는 일은 없었다.

차마 '아까는 저리하지 않으셨다' 라고 말씀드릴 수도 없고, 위에서는 버릇
없다고만 하시니 내 속이 타던 것을 어디에 비하겠는가. ─《한중록》

자신의 속마음을 표현하지 못하고 그저 야단만 맞는 아들은 부왕이
돌아가면 억울하고 서러워 눈물을 흘렸다. 그리고 쌓이고 쌓인 마음
의 상처는 정신질환으로 이어졌다. 이 무렵부터 세자는 걸핏하면 잘
놀라는 증상(경계증)이 나타나기 시작했다. 특히 천둥과 벼락이 치는
날이면 공포에 질려 어쩔 줄 모르는 모습(뇌벽증)을 보였고, 옷차림에
대한 거듭된 꾸중은 옷 입기를 두려워하는 병(의대병)으로 나타났다.
민성길 교수는 세자의 의대증에 대해 "아버지한테 나갈 일이 있으
면 의관을 정제해야 하니까, 옷을 안 입으면 못 나간다는 무의식이
작용한 것"이라며, 아버지에 대한 공포가 옷에 대한 공포로 전이되었
다고 진단한다.

하늘을 탓할 따름이었다

세자의 병은 점점 더 악화되어 울화증으로 나타났다. 부왕에게 꾸중
을 듣고 난 날이면 억울함을 이기지 못하고 시중들던 내관이나 궁녀
들을 폭행하기 시작했다.

경진년(1760) 이후 내관과 내인이 상한 일이 많다 기억하지 못한다. ─《한중록》

혜경궁도 예외가 될 수는 없었다. 너그럽고 온화한 평소의 성정을 잃고 점차 폭력적으로 변해가는 남편의 병증을 지어미로서 받아내야만 했다.

> 소조께서 서 있는 내게 바둑판을 던져 내 왼쪽 눈이 상하였다. 하마터면 눈 망울이 빠질 뻔한 것을 다행히 그 지경은 면하였다. ─《한중록》

민성길 교수는 사도세자의 울화병이 화를 내거나 타인의 이해를 얻어 해소되면 정상으로 돌아올 수 있지만, 해소되지 않으면 우울증을 얻거나 폭력적으로 변하게 된다고 설명한다. 그렇게라도 분노를 풀지 못하면 스스로 죽음을 택할 수밖에 없다는 것이다. 그러나 깊어져가는 지아비의 병증은 누구에게도 알릴 수 없는 것이었다.

> 소조의 병이 이상한 것은 처자나 애쓰고 내관, 내인이나 아침저녁으로 두려워하며 지냈지 어머니도 자세히 모르시고, 부왕께서도 알지 못하였다. 어른들을 뵐 때와 신하들을 대할 때에는 보통 때와 다름없었다. ─《한중록》

인간의 힘으로는 어쩔 수 없는 운명의 장난 같은 부자 사이. 그러나 한 번의 기회는 있었다. 영조 34년(1758) 2월, 아들의 폭력성을 뒤늦게 안 영조가 사도세자를 찾아가 "무슨 이유로 내관과 내인들을 폭행하느냐"고 꾸짖었다. 그런데 세자가 어쩐 일로 자신의 마음을 아뢴 것이다. "마음이 상하여 그리 하였습니다."

놀란 영조는 어찌하여 마음이 상하였느냐고 물었고, 사도세자는

"마마께서 사랑해주지 아니하시기에 서글프고, 꾸중하시기에 무서워서 화증이 되어 그러하옵니다"라고 깊은 곳에 묻어둔 상처를 내놓았다. 그때 잠시나마 천륜이 동하였는지, 영조는 다시 그리 하지 않겠다고 그 자리에서 약속한다.

그리고 영조는 혜경궁에게 가서 이 사실을 확인했다. 아들의 병을 걱정하는 따뜻한 부정을 알게 된 혜경궁은 너무 감격하여 울고 웃으며 말씀을 올렸다. "어려서부터 사랑을 받지 못하여 마음의 병이 되어 그러합니다. 아버님께서 은혜와 사랑을 주시면 그렇지 않을 것입니다." 이 말을 들은 영조는 "그러면 내가 그리 한다 말하고, 잠은 어찌 자며 밥은 어찌 먹는지 내가 묻는다고 하여라"라며 사도세자에 대한 연민을 표하고 돌아갔다.

꿈만 같았다. 혜경궁은 이 말씀을 남편에게 전하며, 이제 부자 사이가 더 나아지지 않겠느냐고 희망의 뜻을 비쳤다. 그러나 사도세자는 냉담했다. "자네가 아버님께서 사랑하는 며느리기에 그 말씀을 곧이 다 믿는가? 일부러 그리하신 말씀이니 믿을 것이 없네. 두고 보소. 필경 내가 죽고 말 것이네."

조선은 여인의 법도가 지엄한 유교사회였다. 도저히 화합이 되지 않는 부자 사이에서 아무것도 할 수 없었고, 그 누구도 탓할 수 없었던 여인은 그저 가슴 졸이며 하늘을 탓할 따름이었다.

내가 만난 세월이 몹시 살기 어려움을 서러워할 뿐이구나. —《한중록》

《한중록》을 읽으면 혜경궁이 똑똑하고 논리적인 여성이었다는 사실을 발견하게 된다. 만일 일반 사대부가의 여성이었더라면 어땠을까? 시아버지나 남편에게 말하여 잘못 꼬인 부자관계를 풀어갈 수도 있었을 것이다. 왕실의 여인이었기에 혜경궁의 아픔은 더 컸다.

모년 모일의 일을 내가 어찌 차마 말할 수 있으랴

영조 38년(1762) 5월, 창경궁 문정전(文政殿) 앞 뜰에서 사도세자가 뒤주에 갇혀 죽임을 당한 사건, 즉 임오화변(壬午禍變)이 일어난다. 장차 임금이 되었어야 할 남편의 죽음은 남편에 따라 여인의 운명이 결정되던 시절에 혜경궁이 겪어야 했던 모든 불행의 시작이었다. 그러나 이 부분에 대한 그녀의 회고는 의외로 담담하다.

> 영묘의 처분도 애통망극한 가운데 부득이 하신 일이요, 경모궁께서도 망극한 병환으로 어쩔 수 없이 불행한 일을 당하셨다. ─《한중록》

혜경궁에 의하면 비극의 원인은 그 누구의 잘못이 아니라 인간의 힘으로는 어쩔 수 없는, 하늘이 내린 병 때문이라는 것이다. 김문식 교수는 "조선시대 왕가의 법통은 정통성을 계승하는 관계인데 혜경궁은 영조에서 사도세자, 사도세자에서 정조로 이어지는 정통성에서 어느 한쪽도 부인할 수 없었을 것"이라며, 혜경궁의 특수한 위치를 이야기한다.

임오화변은 예고된 비극이었다. 아들 사도세자에 대한 영조의 불신은 더욱 깊어져갔다. 거듭된 부왕의 심한 꾸중과 냉대에 지친 세자역시 점차 삶의 의욕을 잃었다. 심지어 억울하게 꾸중을 듣고 난 이후에는 우물에 몸을 던지기도 했다. 이때부터 사도세자는 후원에 병장기를 갖다놓고 무예연습을 하며 우울한 마음을 달래고 있었다. 그러면서 점점 더 부왕과 만나는 것을 기피하게 되었다. 심지어는 몇달씩이나 부자간의 만남이 이뤄지지 않은 경우도 있었다.

세자를 탐탁지 않게 여기던 정치 세력들은 그 틈새를 파고들었다. 마침내 세자를 폐하려는 논의까지 나타났다. 1762년, 김한구와 그의 일파인 홍계희, 윤급 등은 윤급의 청지기 나경언을 사주하여 세자의 비행 10조목을영조에게 올리도록 하였다(나경언의상변).

세자가 임금을 찾아 문안을 드리는 진현의 예를 행하지 않은 것이 오래되었다는 실록의 기사.

네가 왕손(王孫)의 어미를 때려죽이고, 여승(女僧)을 궁으로 들였으며, 평양으로 여행을 다니고, 북성(北城)으로 나가 유람했는데, 이것이 어찌 세자로서 행할 일이냐? 사모를 쓴 자들은 모두 나를 속였으니 나경언이 없었더라면 내가 어찌 알았겠는가? —《영조실록》영조 38년 5월 22일

이 고변으로 영조는 지금까지 모르고 있던 세자의 비행을 알게 되

었고, 세자의 비행을 알면서도 왕에게 고하지 않은 신하들에 대해서까지 격노하고 문책하였다. 심지어 영조는 나경언을 충직한 사람으로 보아 그를 살려주려 했으나, 대신들이 세자를 모함한 대역죄인으로 극론했기 때문에 결국 처형하고 말았다.

사도세자는 자신에게 다가오는 운명을 예감하고, 혜경궁에게 자신이 무사하지 못할 것이라고 털어놓는다. 이때만 해도 혜경궁은 부자 사이에 설마 그럴 일이 있겠냐며 남편을 위로하지만, 손자를 끔찍이 아끼는 아버지의 마음을 읽은 사도세자는 생각이 달랐다. "자네는 생각을 못하네. 아버님이 나를 몹시 미워하여 일이 점점 어려운데, 나를 폐하고 세손을 효장세자(孝章世子·1719~1728; 영조의 맏아들로 왕세자였으나, 10세에 죽었다)의 양자로 삼으시면 어찌하겠나?"

사도세자의 예감은 당시 정치 현실에 대한 정확한 인식에 바탕을 두고 있었다. 임오화변이 일어나기 얼마 전부터 영조는 세손의 입지를 강화하기 위한 조처들을 취하고 있었다. 임오화변 1년 전(1761), 영조는 세손의 성균관 입학례를 명하고(3월 10일) 성인이 되었음을 알리는 관례식을 올리게 한다(3월 18일). 계속해서 세손의 가례를 거행하도록 지시한다(12월 17일).

영조에게는 정치적 판단을 내려야 할 순간이 다가오고 있었다. 사도세자에 대한 기대는 사라졌지만 다행히 세손이 있었기에 영조는 임오화변을 전후해서 세손의 입지를 강화하는 조치를 취한다. 종종 세손을 품에 안고 대신들을 만나 세손이 매우 비범함을 자랑하였으며, 이러한 영조의 발언은 사관을 통해 글로 기록되어 그대로 사도세자에게 전달되고 있었다.

세손의 옷과 옷 입은 모습이 꼭 나와 같으니 참으로 귀엽다. 내가 백성들과 즐거움을 함께해야 한다는 말로 가르쳤는데, 비록 장래에 학문의 성취함이 어떠할지는 모르겠으나 반드시 후덕한 군자가 될 듯하니, 어찌 기특하지 않겠는가? —《영조실록》영조 38년 5월 2일

비록 부자지간이지만 정치적일 수밖에 없는 군왕의 자리였다. 더구나 아버지로 인해 생긴 마음의 병을 갖고 있는 세자의 분노가 자칫 세손에게 향할 위험도 있었다.

그때 세손을 보존하여 종사를 잇게 할 기틀은 소조께서 그 연설을 보시지 못하게 하는 일에 있었다. 만일 세손을 칭찬하시던 상교(上敎)를 소조께서 그대로 다 보셨다면 세손께서 놀라실 일이 어느 지경에 이르렀을 줄 알겠는가. —《한중록》

혜경궁에게 최우선순위는 왕실의 계승이었다. 사도세자를 잘 보필해서 왕으로 만드는 것이 세자빈으로서의 첫 번째 임무였지만, 그것이 불가능해진 상황에서는 아들을 잘 보호해서 훌륭한 국왕으로 만드는 것이 당연한 우선순위였다.

내 목숨을 보전하여 세손을 보살피리라

나경언의 10조목을 받은 영조는 결국 세자를 불러 조목조목 다그친다. 그러나 세자가 화증이 도져 변명조차 제대로 하지 못하자, 영조는 급기야 칼을 빼 사도세자에게 자결할 것을 명한다. 놀란 세자는 살려달라고 애원해보지만, 영조는 사도세자를 서인으로 폐하고 뒤주 속에 가두어 8일 만에 굶어죽게 한다.

> 임금이 창덕궁에 나아가 세자를 폐하여 서인을 삼고, 안에다 엄히 가두었다. ……임금이 세자에게 명하여 땅에 엎드려 관(冠)을 벗게 하고, 맨발로 머리를 땅에 조아리게 하고, 이어서 차마 들을 수 없는 전교를 내려 자결할 것을 재촉하니 세자가 조아린 이마에서 피가 나왔다. ―《영조실록》 영조 38년 윤5월 13일

아들을 죽여야만 했던 아버지. 임오화변 이후 영조는 자신이 취한 처분이 정당했다고 강변한다. 아무리 아들을 미워했지만 일부러 죽이기까지야 했을까? 부모로서의 개인적 아픔을 딛고, 국가와 종사를 지켜야 한다는 공적 의리 때문에 어쩔 수 없이 취한 조처라는 것이다. 이후 영조는 자신의 행위를 안타까워하면서, 죽은 아들에게 사도(思悼)라는 시호를 내리게 된다.

> 내가 어찌 자애롭지 않아서 그랬겠으며 내가 어찌 참지 못해서 그랬겠는가? 진실로 종사를 위한 것이요 백성을 위한 것이었다.
>
> ―《영조실록》 영조 38년 8월 26일

어찌 30년에 가까운 부자간의 은의(恩義)를 생각하지 않겠는가? 세손의 마음을 생각하고 대신의 뜻을 헤아려 단지 그 호를 회복하고, 겸하여 시호를 사도세자라 한다. ─《영조실록》영조 38년 윤5월 21일

혜경궁도 시아버지의 명분 자체를 부정할 순 없었다. 정은임 교수는 "혜경궁이 남편의 죽음에는 시아버지도 잘못이 없고, 남편도 잘못이 없다고 이야기했지만 죽음에 이르는 원인을 제공한 사람은 시아버지였다는 것을 작품에서 분명히 하고 있다. 결국 차마 입에 담을 수는 없었지만《한중록》을 집필하는 중에 아버지와 아들 간의 불화의 원인을 파헤치면서 왜 원망하는 마음이 없었겠는가"라고 혜경궁의 심정을 짚어본다.

처음부터 그리 된 것이 서글프지, 점점 그 지경에 이르신 것을 어찌하겠는가. 감히 대조(영조)께 이렇다 원망하지도 못한다. ……처음부터 여염집의 부자 사이처럼 아드님을 친근하게 가르치며 정을 나누셨더라면 어찌 이 지경에 이르렀겠는가? ─《한중록》

남편을 잃은 지어미의 슬픔을 넘어, 그녀는 세손을 보호하여 종사를 이어야 한다는 공적 의리를 지켜야만 했다. 개인적인 아픔조차 아픔 그대로 받아들일 수 없는 입장이 바로 왕가의 여인의 숙명이었다. 혜경궁의 아픔은 결코 자신의 의지나 행동으로 인해 빚어진 것은 아니었다. 비극은 항상 숙명처럼 다가왔다. 그녀에게 주어진 건 단지 운명에 맞서야 한다는 절박함뿐이었다.

아들마저 죽일 수는 없다는 혜경궁의 고백은 이 세상 모든 어머니
들의 마음이었을 것이다. 영조 38년(1762) 윤5월 13일, 사도세자가
세자의 지위를 박탈당하고 뒤주에 들어가기를 명령받던 그 시간에
혜경궁은 굳게 닫힌 문밖에 있었다.

아무것도 보이지 않고 다만 대조께서 칼을 두드리는 소리와 소조가 말씀하
시는 소리만 들렸다. "아버님! 아버님! 잘못하였습니다. 이제는 아버님께
서 하라시는 대로 다 하겠습니다. 글도 읽고, 말씀도 다 들을 것이니 이리
마소서." 내 간장은 마디마디 끊어지고 눈앞이 캄캄하니 가슴을 두드린들
어찌하겠는가. 아버님께서 "궤에 들어가라!" 하신들 아무쪼록 들어가시지
말 것이지 어찌 들어가셨는가. —《한중록》

살려달라는 사도세자의 절규에 아내와 아들은 그저 통곡할 따름이
었다. 하늘과 땅이 맞붙고, 해와 달이 캄캄해지는 참변. 그러나 남편
을 따라 죽을 수도 없었다. 그녀에게는 아들이 있었다.

내가 없으면 세손의 성취를 어찌하겠는가. 참고 참아 모질게 목숨을 보전
하고 하늘만 부르짖으니, 만고에 나 같은 모진 목숨이 어디 있겠는가.

—《한중록》

그날 혜경궁은 세손과 함께 친정집으로 돌아왔다. 이제는 세자빈
이 아니라 죄인의 처자로서 영조의 처분을 기다려야만 했다. 궁으로
들어간 지 18년만이었다. 대신들은 혜경궁의 친정으로 세손을 뵈러

왔다. 그리고 세손이 사도세자의 목숨을 구할 수 있도록 영조 앞에 석고대죄를 시키라고 혜경궁에게 권했다. 하지만 그녀는 허락할 수 없었다. "석고대죄가 당연하지만 차마 어린 아기에게 그렇게 할 수 있겠는가?"

아버지가 죄를 입어 뒤주 속에 갇혀 있는 상황에 아들인 세손이 석고대죄를 통해 용서를 구하는 것은 자식 된 도리였다. 그러나 혜경궁은 아직 어린아이라는 이유로 세손이 석고대죄하는 것을 말린다. 김문식 교수는 "세손의 석고대죄가 영조에게 자신의 명을 철회시키려는 정치적인 행동으로 보인다면 아들에 대한 분노가 손자에게까지 옮겨 갈 수 있었기 때문에 혜경궁이 그와 같은 판단을 내린 것"이라고 설명한다.

> 그때 나는 세손이 놀라 혹 병이 날까 하여 망극해하며 말했다. "나는 네 아버님의 아내로 이 지경이 되고, 너는 네 아버지의 아들로 이 지경을 만났구나. 누구를 원망하며 탓하겠느냐? 서러울수록 네 몸을 보호하거라. 비록 한은 많지만 착하게 행동하여 아버님의 한을 갚으라." ―《한중록》

혜경궁은 세손을 데리고 다시 궁궐로 돌아왔다. 이제 궁 안에서 사도세자의 일은 그 누구도 감히 말을 꺼낼 수 없는 금기사항이 되었다. 혜경궁에게도 세손을 보호해야 한다는 절박함만이 남았다. 영조는 혜경궁의 지위를 다시 회복시켜 '혜빈(惠嬪)'이라는 칭호를 부여했다. 그리고 세손을 왕세자로 책봉했다.

그렇게 사도세자가 세상을 떠난 지 세 달이 지나고, 영조는 혜경궁이 머물고 있던 창경궁을 방문했다. 혜경궁의 서러운 마음이야 오죽했으랴마는 감히 조금도 풀지 못하고 여쭈었다. "저희 모자가 목숨을 보전하는 것은 다 성은이옵니다." 며느리의 넓은 마음에 감복한 영조는 혜경궁의 손을 잡고 울며 대답한다. "네가 이러할 줄 생각지도 못했구나. 내가 너 보기를 어렵게 생각했더니 오히려 네가 내 마음을 편하게 하는구나. 아름답도다."

남편을 빼앗아간 시아버지였지만 감히 원망은커녕 마음을 얻어야만

했다. 이때 영조는 기쁘고 고마운 나머지 '효성스런 며느리'라는 뜻으로 혜경궁의 거처에 가효당(嘉孝堂)이라는 현판까지 내린다. 혜경궁은 한 걸음 더 나아갔다. 마지막 남은 희망인 아들마저 시아버지의 손에 맡긴 것이다.

영조가 내린 가효당의 현판.

> 내가 말씀드렸다. "세손을 경희궁으로 데려가서서 가르침을 주시면 좋겠습니다." "네가 세손을 떠나 견딜 수 있겠느냐?" 나는 눈물을 드리우며 아뢰었다. "세손이 저를 떠나서 마음이 섭섭한 것은 작은 일이지만, 대조를 모시고 배우는 일은 큰 일입니다." ―《한중록》

박현모 한국학중앙연구원 학예연구원은 당시 세손을 음해하고 왕의 후계자가 되지 못하게 막으려는 많은 세력의 시선이 집중된 상황에서 혜경궁이 아들을 구할 수 있는 방법은 영조에게 맡기는 것밖에는 없었다고 설명한다. 사도세자의 아들이라는 신분이 자식의 앞날에 큰 장애가 되겠다고 생각한 혜경궁의 바른 판단이었다.

이렇게 헤어진 어린 아들과 어머니는 오로지 편지로만 서로의 안부를 확인할 수 있었다.

> 세손이 나를 그리워하는 마음이 간절하여 새벽에 깨어나 내게 편지를 하면 서연전에 내 회답을 보고서야 마음을 놓았다. 3년을 서로 떨어져 지내는 동안 한결같이 그리하셨다. —《한중록》

그 사이에 한 번 모자가 만날 기회가 있었다. 어린 세손은 서럽게 울며 오랜만에 만난 어머니의 손을 놓으려 하지 않았다. 우는 손자의 모습에 마음이 약해진 영조가 세손을 두고 가려 하자, 혜경궁은 끓어오르는 모정을 누르며 사양한다. "내려오면 위(영조)가 그립고, 올라가면 어미가 그립다 하더이다. 환궁 후는 또 아버님을 그리워하며 이렇게 울 것이니 데려가십시오." 세손을 사랑하는 영조의 마음을 잘 아는 혜경궁은 행여나 영조가 서운할까 봐 아들의 등을 억지로 떠밀었다.

어린 아들은 인정 없는 어머니에게 섭섭하여 끝끝내 울음을 그치지 않았다. 그러나 혜경궁은 서러운 마음조차 드러낼 수 없는 형편이었다. 게다가 아픔은 여기서 끝나지 않았다. 영조는 결국 세손을 죽은 사도세자의 형인 효장세자의 아들로 입적시키라는 명을 내렸다.

> 특명으로 왕세손으로서 효장세자를 잇게 하였다. —《영조실록》 영조 40년 2월 21일

김문식 교수는 "정조가 후일에 왕이 되었을 때 영조의 정통성을 계승했다고 주장할 수는 있으나, 사도세자의 정통성을 계승했다고 주

동궁을 효장세자의 후사로 삼는다는 실록의 기록.

장하면 문제가 생긴다"고 설명한다. 사도세자는 죄인으로 떨어졌다가 죽임을 당했으니, 죄인의 아들로서 왕위를 계승한 꼴이기 때문이다. 그런 하자를 없애기 위해서 영조는 자신의 첫째 아들이었던 효장세자의 정통성을 세손이 계승하는 방향으로 결단을 내렸다.

그러나 세손을 효장세자의 아들로 입적시킨다는 것은 혜경궁이 부모로서의 공식적인 자격을 상실한다는 것을 의미했다. 이제 혜경궁에게 남은 것은 생모로서의 역할뿐이었다. 혜경궁은 이때의 비통한 심정이 남편을 잃은 임오화변에 못지않았다고 기술하고 있다.

> 그 망극하고도 슬프기는 모년(임오화변을 에둘러 말함)보다 덜하지 않았다.
>
> ─《한중록》

또 다시 남편이 당한 비극을 되풀이하지 않기 위해 아들을 떠나보내야 했던 어머니의 아픔. 보통 사람들로서는 상상할 수 없는 한스런 삶이었지만 그녀는 결코 울고 있지만은 않았다. 오히려 가장 비극적인 순간에 감상에 휘둘리지 않고 냉철한 판단으로 상황을 헤쳐나가는 의지를 보인다.

아들을 떠나보낸 지 14년 후, 마침내 혜경궁은 아들 정조가 왕위에 오르는 기쁨을 맞이하게 된다. 하지만 그녀의 고통은 끝난 것이 아니었다. 노년의 혜경궁은 세상을 향해 붓을 들어 말해야만 했다.

한국사傳 4

9

아들이 임금이 되어 돌아왔다!

15년간의 고통스런 세월의 끝.

혜경궁은 세상에서 가장 행복한 여인이었다.

그러나, 얼마 지나지 않아 그녀는 "자결을 하려 했다."

한 많은 인생 80년, 그 끝은 어디일까?

한 자마다
눈물을 흘리며 기록하다
―《한중록》

한 중록의 또 다른 이름, 읍혈록.
피눈물을 흘리며 써내려간 기록이다.
여인의 눈물은 인생 말년까지 멈추지 않았다.
예순여섯의 혜경궁,
그녀는 아들 정조의 거처에서 며칠째 식음을 전폐하고 있었다.
극도의 절망에 몸부림치다가 스스로 목숨을 끊으려 했다.
삶의 고난은 아직도 끝나지 않았다.

어미의 마음으로 어찌 기쁘지 않으리오!

'한중만록', 한가로이 붓 가는 대로 쓴 글이라는 뜻이다. 그런데 우리가 흔히 알고 있는《한중록》에는 '읍혈록'이라는 이름도 있다. 왜 같은 책의 제목이 이렇게 다른 것일까? 하나의 책이라고 보기 어려울 만큼

《한중록》의 또 다른 판본인 '읍혈록'.

확연히 다른 두 제목은 혜경궁의 극적인 삶을 반영한다. 남편 사도세자를 잃고 아들에게 유일한 희망을 걸었던 혜경궁은 법적 모자관계를 포기하면서까지 아들이 왕이 되길 바랐다. 그러나 아들은 멀리 있었고, 궁궐에 홀로 남겨진 신세는 외로웠다.

혜경궁의 친정인 풍산홍씨 가문은 그녀의 자취가 담긴 두 점의 유물을 소장하고 있다. 77세의 혜경궁이 사도세자를 그리며 친필로 쓴 칠언절구가 담긴 두 폭의 족자다.

사악한 이야기는 어찌 군자의 귀에 머물겠는가.
한가한 시름은 달인의 눈썹에 미치기 어려워라.
고인은 지금 누구와 한 통 술을 마시는가.
지난일은 베개 밑의 꿈이 되었네.

— 혜경궁의 시

풍산홍씨 후손 홍기원 씨가 혜경궁이
남긴 족자를 펴 보이고 있다.

시에 나타난 그녀의 심경은 남편 사도세자에 대한 그리움과 살아남은 이의 허망함이었다. 스물여덟에 청상이 돼 구중궁궐에서 50년을 혼자 살아온 여인. 그 처절한 삶을 견디게 한 것은 오직 하나, 아들이었다.

사도세자가 죽은 지 14년, 조선에 새로운 왕이 등극했다. 제22대 왕 정조, 사도세자와 혜경궁 홍씨의 아들이었다. 당시 혜경궁의 나이 마흔둘, 온갖 고난을 참으며 기다려온 순간이었다.

주상을 간신히 길러 임금의 자리에 오르시는 모습을 보니 어미의 마음으로 어찌 귀하고 기쁘지 않으리오. —《한중록》

정조는 즉위 직후 아버지 사도세자와 어머니 홍씨의 명예회복에 나선다. 죽은 아버지의 시호를 장헌(莊獻)으로 추촌하고, 사당을 경모궁(景慕宮), 묘는 현륭원(顯隆園)이라 칭하였다. 또한 어머니에게 효강혜빈이라는 호를 더해서 옥보를 내렸다. 혜빈은 그녀의 공식적인 호칭이었다. 일찍이 시아버지 영조가 남편이 없는 홍씨에게 '혜빈'이라는 이름을 내려 세자빈의 지위를 보장한 것이다.

왕이 되지 못한 왕세자의 부인인 혜빈 홍씨는 영원한 세자빈이었다. 아들이 임금이 되어도 대왕대비가 될 수 없었다. 어머니의 처지를 가슴 아파한 정조는 그녀에게 또 다른 존칭을 부여했다. 바로 혜경궁이었다. 비공식적으로나마 세자빈보다 높은 지위를 부여한 것이다.

혜빈을 혜경궁으로 삼다. ─《정조실록》 정조즉위년 3월 10일

혜경궁의 존호를 '효강(孝康)'이라 하기로 정하였다. ─《정조실록》 정조 2년 2월 25일

그러나 혜경궁의 법적 지위는 여전히 불안정했다. 혜경궁의 지위는 유례가 없는 특수한 것이어서, 근거로 삼을 기준이 없었다. 왕실의 의상은 신분과 용도에 따라 쓸 수 있는 색깔과 장식이 달랐는데, 혜경궁의 지위에 맞는 복식의 예가 없었다. 궁중 여인들에게 복식은 위계질서를 상징하는 것이었다. 옷에 붙이는 금박이 두 줄인 사람과 한 줄인 사람이 달랐고, 못 다는 사람도 있었다. 노리개나 첩지도 자기가 하고 싶다고 할 수 있는 것이 아니었다. 왕실에는 오랜 전통으

효강혜빈이라는 호를 더해서 새긴 옥보 효강혜빈지옥인.

조선시대의 궁중의상.
가운데가 왕비가
입을 수 있었던 예복이다.

조선의 예법서 《국조오례의》는 궁
궐의 복식에 관한 자세한 규정을
기록하고 있다.

로 굳어진 법이 있었다.

조선의 예법서 《국조오례의國朝五禮儀》에 궁궐의 복식에 관한 규정이 있다. 조선의 왕세자빈은 검은 비단으로 예복을 해 입었다. 반면 왕비의 예복은 붉은 색이었다. 또한 왕실의 공식 예복인 '적의(翟衣)'는 왕비와 왕세자빈 등 적통 서열의 여성들만 입을 수 있었다. 정조는 어머니를 배려해 특별히 이 적의를 입을 수 있도록 했는데, 적용할 색깔이 없는 것이 문제였다. 대신들과 의논한 끝에 정조는 혜경궁이 천청색(天靑色) 옷을 입도록 정한다.

혜경궁께서 입으실 적의의 복색(服色)은 전례가 없는 것이기 때문에 ……
복색을 천청색으로 정하라. ─《정조실록》정조 2년 4월 26일

천청색은 당시 조선 궁궐에선 흔치 않은 색이었다. 밤하늘의 색이

라는 뜻인데, 파란 비단 위에 검은 비단을
덮어서 색이 은은하게 새어나오게 한 것이
다. 중국의 황태후(황제의 조모)들이 입었던
색인데, 정조는 중국 황실 최고의 어른이 입
는 복색을 어머니에게 입히고자 한 것이다.

천청색 옷감.

> 선왕(정조)은 지극히 효에 힘쓰시는 성품이었다. 근년에는 효도가 더욱 지
> 극하여 날로 못 미칠 듯이 나를 섬겼다. —《한중록》

 아들의 효성은 여기서 그치지 않았다. 정조 1년(1777) 8월, 왕실 여
성들의 거처였던 창경궁 한편에 자경전(慈慶殿)이라는 건물을 새로 지
었다. 혜경궁 홍씨의 거처였다. 정조는 어머니의 새 거처에 '경사스
러운 일이 생기길 바란다' 는 뜻으로 '자경' 이라는 이름을 붙이고 아
침저녁으로 혜경궁을 모셨다. 아들은 어머니에게 정성을 다했다. 혜
경궁에게도 아들은 삶의 전부였다.

> 선왕(정조)이 아니면 내게 어찌 오늘날이 있으며, 내가 없었다면 선왕이 어
> 찌 목숨을 보전하셨겠는가. 우리 모자 두 사람이 근심하며 서로 의지하였
> 다. —《한중록》

 모자는 서로에게 세상에서 의지할 수 있는 유일한 존재였다. 혜경궁
이 아프기라도 하면 아들은 더욱 극진했다. 직접 의서를 집필할 정도
로 의학에 조예가 깊었던 정조는 어머니를 직접 치료했다. 어머니의

헤경궁이 기거하던 창경궁의 전경. 오른쪽 공터에 자경전이 있었다.

고통은 아들에게 말로 표현 못할 정도로 안타까운 일이었다.

> 어제 해질 무렵 이후에는 (어머니의) 증세가 더욱 심하여 밤을 새다시피 했
> 는데 ……그때 내 심정은 초조하고 절박했다는 말로는 표현이 안 될 정도
> 였다. —《정조실록》정조 24년 2월 17일

> 선왕은 침수를 폐한 채 의대도 끄르지 않고, 손수 탕약을 올리고 고약을 붙
> 였다. 옆 사람에게조차 이 일을 맡기지 않으셨다. 비록 모자 사이였지만 내
> 감격한 마음을 어찌 다 측량하겠는가. —《한중록》

남편에게서도 받아보지 못한 사랑이었다. 이 시절, 혜경궁은 세상
에서 가장 행복한 어머니였다. 정조의 즉위와 함께 혜경궁의 인생에

252

자경전은 사도세자의 사당인 경모궁을 향하도록 지은 집이며, 뒤편에는 아름다운 계단식 후원이 있었다. 당시 자경전의 모습을 짐작해볼 수 있는 〈자경전동궐도〉.《한중록》의 산실이기도 한 이 건물은 19세기 후반에 철거되었다.

도 봄이 찾아오는 듯 했다.

> 임금의 몸으로 살아 있는 어미 봉양을 극진히 하니 내 또한 무슨 여한이 있
>
> 겠는가. —《한중록》

조금도 내 집이 다시 벼슬하기를 바라지 않았다

그러나 그 즈음 정국은 폭풍전야였다. 당시 조정은 혜경궁 홍씨를 중심으로 하는 풍산홍씨 외척세력과 시어머니 되는 정순왕후 김씨(영조의 두 번째 부인)의 외척세력이 갈등을 일으키고 있었다. 혜경궁은 임금의 어머니이자 한 가문의 딸이었다. 그 어느 하나도 부정할 수 없는 이중의 정체성은 평생 그녀에게 눈물이 되었다.

정조 즉위년(1776) 3월 27일, 정조가 즉위한 지 17일 후 한 통의 상

소가 올라왔다. 한 원로대신의 탄핵을 요구하는 내용이었다. 그 대상은 홍봉한, 혜경궁 홍씨의 친정아버지이자 정조의 외할아버지였다. 홍봉한은 임오화변 당시 영조에게 뒤주를 제공해 사도세자를 죽게 했다는 혐의를 받고 있었다.

> 이른바 '일물(一物, 뒤주를 에둘러 표현함)'에 이르러서는 이는 곧 이전의 사첩에서도 들어보지 못하던 것인데, 홍봉한이 창졸간에 멋대로 올렸었습니다. 그러하지 않았다면 선대왕께서 어떻게 그 '일물'이 어느 곳에 있었던 것인지를 아셨겠습니까? ―《정조실록》정조 즉위년 3월 27일, 정이환의 상소

박현모 박사는 "혜경궁의 친정아버지 홍봉한이 진짜 뒤주를 갖다 줬는지는 문헌상으로 확인할 수 없다. 그러나 중요한 것은 그가 당시 영의정이라는 중요한 자리에 있다는 것"이라며, 영조에게 사도세자를 죽이지 말라는 목숨을 건 발언을 하지 않은 것이 홍봉한의 가장 큰 실책이었다고 설명한다. 아들이 왕이 되자 아버지가 역적이 된 상황이었다. 청천벽력과도 같았다. 혜경궁에게 아버지는 각별한 존재였다.

> 나는 일찍 부모 슬하를 떠나 있다가 중도에 어머니를 여의고, 어머니의 정을 겸하여 아버지의 사랑을 받았다. 아버지께서는 내 운명과 재수가 서러워 아픈 마음이 있었다. 그래서 아버지는 자신의 힘이 미치는 일은 내 뜻을 받들어 힘쓰셨다. ―《한중록》

정조는 고민에 빠졌다. 세손 시절, 집권 노론은 집요하게 그를 공

격했고, 그 중심에 외가가 있었다.

> 홍인한이 말하기를, "동궁은 노론이나 소론을 알 필요가 없고, 이조 판서나
> 병조 판서를 알 필요도 없습니다. 더욱이 조정의 일까지도 알 필요 없습니
> 다." —《영조실록》영조 51년 11월 20일

이른바 '삼불필지(三不必知)'이다. 영조 시절, 세손은 왕이 될 수 없
다는 대담한 주장을 노골적으로 편 사람은 홍인한(洪麟漢 · 1722~
1776), 정조의 작은외조부였다. 홍인한은 영조가 세손에게 대리청정
을 명하자 극렬히 반대하여, 왕의 하교를 받아 쓰려는 승지를 몸으로
가로막기까지 했다. 이런 어려움을 이기고 왕이 된 정조에게 외가는
극복해야 할 대상이었다.

아들과 친정 사이에서 혜경궁은 어찌할 바를 몰랐다. 가슴앓이를
하며 그 어떤 음식도 입에 댈 수 없었다. 그러나 아들이 문안을 올 때
면 억지로 얼굴빛을 좋게 하고 자리에서 일어나 앉았다. 몹시 근심하
는 아들의 심정을 너무도 잘 알았기 때문이다. 그런 어머니를 보는
정조 역시 심장과 간이 타는 듯 했다.

정조는 결단을 내린다. 아버지 사도세자와 자신에게 위해를 가한
죄상이 명백한 홍인한에게는 사약을 내렸다. 그러나 외할아버지 홍
봉한은 사면했다. 왕권을 세우되 어머니를 배려한 타협책이었다.

여기서도 혜경궁의 시련은 끝나지 않았다. 즉위 다음해, 정조가 머
물던 경희궁에 침입자가 나타났다. 목표는 임금 정조였다. 자객들은
암살에 실패하자 정조 1년(1777) 8월 9일, 열흘여 만에 2차 공격을 단

행했다. 이들은 거사가 성공하면 정조의 배다른 동생을 새로운 왕으로 추대하려 했는데, 역모의 배후로 놀라운 이름이 거론됐다. 홍낙임 (洪樂任·1741~1801), 혜경궁의 친동생이었다. 역적들은 '홍낙임이 임금의 친척이니 권세를 얻어 나중에 병권을 잡으면 같이 반정을 일으키기로 했다'고 주장했다.

또 다시 상소가 빗발쳤다. 홍낙임은 물론 아버지 홍봉한도 죽여야 한다는 것이었다. 그녀에겐 이 모든 것이 자신의 잘못인 것만 같았다.

> 나로 인하여 우리 집안은 이리 되었다. 생각할수록 내 몸이 없어져 불효를 사죄하고자 하였다. —《한중록》

그러나 할 수 있는 일은 아무것도 없었다. 그저 아들의 처분을 기다릴 뿐이었다. 조혜란 이화여대 한국문화연구원 교수는 "조선조의 궁중 여성들에게는 공식적인 권한이 전혀 주어지지 않았지만 사실 물밑에서는 엄청난 정치적 책무를 감당해야 했다. 하지만 자신에게 위급한 상황이 닥쳤을 때 공적으로 취할 수 있는 기제는 전혀 없었다"고 말한다. 이런 상황은 혜경궁에게도 마찬가지였다.

어머니와 정치 사이에서 정조는 다시 고민에 빠졌다. 그리고 고심 끝에 방법을 찾았다. 정조 2년(1778) 2월 21일, 정조는 외삼촌을 직접 심문하기로 했다. 역모 사건의 자초지종을 기록한 〈속명의록續明義錄〉에 정조의 처분이 담겨 있다. "공술한 말이 마디마디 조리가 있다. 단정코 딴 뜻이 없다." 정조는 홍낙임의 결백을 공포했다. 왕의 말에 이의를 제기할 사람은 없었다.

동생에 대한 성은이 천지하해와 같아 만고에 드물었다. 주상께서 내 동기를 살려내니 그 감격을 어찌 형용하겠는가. —《한중록》

아버지가 역적으로 몰린 후 처음으로 혜경궁은 친정 식구들을 만날 수 있었다. 무려 3년 만이었다. 지난 3년간 변고와 숱한 일을 겪은 아버지는 그 사이 많이 노쇠해져 있었다. 혜경궁은 안타까운 마음을 누르고 아버지의 손을 잡아드리며, 오래오래 사시길 빌었다. 그리고 집안이 다시 일어서면 기쁜 마음으로 뵙길 기약하며 눈물로 헤어졌다.

그러나 그것이 아버지와의 마지막이었다. 열 달 뒤인 정조 2년 (1778) 12월 4일, 홍봉한이 죽은 것이다. 종9품의 말단 관리에서 영의정까지 수직상승하며 최고의 권세를 누렸지만, 그 끝은 허망했다. 급전직하(急轉直下)하는 외척의 운명을 온몸으로 겪은 혜경궁은 집안 식구들에게 한 가지 당부를 남긴다.

조금도 내 집이 다시 벼슬하기를 바라지 않았다. —《한중록》

아들의 치세는 안정되어갔다. 더 이상은 친정 식구들의 목숨도 위태롭지 않았다. 재위 18년, 정조는 다른 방법으로 어머니 혜경궁과 아버지 사도세자, 그리고 임금 자신의 명예회복을 준비했다.

오늘날에야 임금인 아드님을 둔 보람이 있나 봅니다

조선의 첨단 기술이 총동원된 신도시 수원 화성은 정조의 야심찬 프로젝트였다. 수원학연구소 최홍규 박사는 정조가 비명에 세상을 떠난 아버지를 신원시키기 위해서, 한마디로 효심의 발로에서 이 도시를 건설하고 성곽을 지었다고 설명한다.

정조 17년(1793), 정조는 기득권 세력의 근거인 한양을 떠나 통치의 중심을 수원으로 옮기려 했다. 그는 이곳에 새로운 도시를 짓고 강력한 군대와 친위 세력을 양성하면서 왕권을 강화해나갔다. 그리고 이제 그 힘을 어머니를 위해 쓰고자 했다.

정조 19년(1795) 2월, 수원 화성이 완성됐다. 정조는 어머니 혜경궁과 아버지 사도세자의 환갑을 맞아 화성 행차에 나섰다. 무려 6천 명이 동원된 대규모 원행(園幸) 퍼레이드였다. 원행은 혜경궁과 남편 사도세자의 만남을 의미했다. 일행이 도착한 곳은 수원 남쪽 화산에

정조가 세운 수원의 신도시 화성의 성곽. 유네스코 세계문화유산.

〈정조대왕 능행반차도〉에 등장하는, 원행에 동원된 엄청난 행렬.

왕이 타는 정가교(正駕轎). 그러나 정조는 가마를 타지 않고 직접 말 위에 올라 행렬을 지휘했다. 당시에는 왕의 모습을 감히 그려넣지 못했다.

위치한 현륭원, 사도세자의 무덤이었다. 아들 정조는 화성 건설이 시작되기 5년 전, 양주에 있던 아버지 사도세자의 묘를 이곳 화산으로 옮기고 현륭원이라는 묘호를 올렸다.

이날 혜경궁은 아들의 손에 이끌려 이장한 남편의 묘를 처음 찾았다. 사도세자가 죽었을 때 정조는 10살이었다. 무수한 고비를 넘기고

헤경궁이 탄 자궁가교(慈宮駕轎). 푸른 휘장으로 보호했으며 왕의 가교보다도 호위가 삼엄하다.

헤경궁의 두 딸이 탄 군자가교(君子駕轎).

왕위에 오른 아들과 함께 남편 앞에 서자 지난 세월에 대한 감회가 밀려왔다.

　　모자의 한이 한꺼번에 터져나왔다. 우리 모자가 손을 잡고 분상을 두드리며 억만 가지 아픔을 울음으로 고하였다. 하늘과 땅이 망망하고 저승과 이

사도세자가 묻힌 융릉(隆陵). 이후 혜경궁 홍씨도 이곳에 합장되었다. 고종이 사도세자를 장조(莊祖)로 추존하면서 융릉이라는 묘호를 올렸다. 사적 제206호.

> 승이 막막하여 새로이 망극함을 헤아리지 못하였다. 당신의 골육을 간신히
> 보전하여 거느리고 와서 내가 당신 자녀의 성취함을 마음속으로 알렸다.
> 이 한 부분은 내가 살아 있음이 빛난다고 할 수 있다. —《한중록》

　남편을 만난 혜경궁은 화성에 마련된 정조의 임시 궁궐, 행궁(行宮)
으로 향했다. 이곳에선 그녀를 위한 특별한 행사가 준비 중이었다.
화성 행궁의 중심전각인 봉수당(奉壽堂)의 이름은 원래 장남헌(壯南軒)
이었는데, 정조가 혜경궁의 회갑진찬연을 위해 새 편액을 걸었다. 어
머니의 만년의 수를 받들어 빈다는 의미였다. 정조는 봉수당 앞 넓은
마당에 무대를 만들고 외빈과 척신 모두를 모아서 어머니의 회갑잔
치를 베풀었다.

　봉수당에서 벌어진 혜경궁의 회갑연은 국가적 이벤트였다. 한양에
서 따라온 궁궐 무용수들은 혜경궁의 만수무강을 기원하는 춤을 췄
다. 그녀는 아들과 함께 휘장을 두른 좌석에 앉아서 이를 즐겼다. 잔

정조의 임시 궁궐이었던 화성 행궁.

치엔 100여 명의 내외빈이 참석해 혜경궁의 환갑을 축하했다. 역적
으로 몰린 후 뿔뿔이 흩어졌던 일가친척들도 모였다. 그녀 인생 최고
의 날이었다.

> 미망인으로서 이루 헤아릴 수 없는 세상의 변천을 무수히 겪으면서 온갖
> 슬픔과 기쁨을 맛본 내 신세가 이상하였다. 자고로 옛날 역사책에 나온 태
> 후와 왕비 중에 나와 견줄 이도 없을 것이다. ―《한중록》

원행 이후 정조는 당시 일곱 살이던 원자(훗날의 순조)를 두고 혜경
궁에게 한 가지 약속을 한다. "갑자년(1804년)이면 원자의 나이가 15
세입니다. 족히 왕위를 전할 것입니다. 저 아이 때는 외조부의 누명
이 풀리고 마마께서는 저 아이의 효양을 제가 한 것보다 더 낫게 받
으실 겁니다." 손자가 왕위를 물려받으면 역적이 된 친정아버지의 명
예를 되찾아주겠다는 것이었다.

혜경궁의 회갑연을 기록한 〈봉수당진찬도〉.

　박현모 박사는 "정조가 다 같이 더불어 사는 대동(大同) 사회를 만들기 위해 노론이나 소론을 무론하고 많은 사람들을 복권시키는데, 그런 맥락에서 십 년 후쯤엔 혜경궁의 집안도 다시 일으켜서 서로 싸우고 죽이지 않는 나라를 만들고 싶다는 뜻으로 갑자년 약속을 한 것"이라고 설명한다. 믿기지 않을 만큼 기쁜 일이었다.

혜경궁은 다짐을 하듯 다시 물었다. "그때에 내 나이 칠십입니다. 내가 칠십으로도 흡족하고 만족스러우나 더 살기가 어렵습니다. 혹 오늘의 약속을 어기면 어찌하겠습니까?" 그러자 정조는 다시 한 번 확답을 주었다. "설마 칠십 노친을 속이겠습니까?" 친정은 그녀에게 큰 아픔이었다. 젊었을 땐 남편과의 사이에서, 늙어서는 아들과의 사이에서 친정 때문에 가슴 졸여야 했다. 아들의 약속은 평생 쌓인 한의 타래를 푸는 일이었다. 혜경궁은 갑자년을 금석같이 기다렸다.

> 오늘날에야 임금인 아드님을 둔 보람이 있나 봅니다. 내가 구차하게 산 낯이 있습니다. ─《한중록》

밤낮으로 피눈물을 흘리며 빌 뿐이다

오랜 고통 끝에 혜경궁에게도 행복이 찾아오는 듯 했다. 그러나 그 평화는 오래가지 못했다. 아들 정조의 거처, 창경궁 영춘헌(迎春軒)에서 그녀는 다시 깊은 절망에 빠져들었다. 정조 24년(1800) 6월 28일, 영춘헌 지붕 위에 임금의 옷자락이 휘날렸다. 정조가 죽은 것이다. 어머니의 모든 한을 풀어주겠다던 갑자년을 4년 앞둔 때였다. 자식을 앞세운 어미의 고통으로 혜경궁은 몸부림쳤다.

정조가 승하한 영춘헌.

> 빈이 칠순의 나이에 갑자기 아들을 먼저 여읜 슬픔을 당하시자, 하늘이 무
> 너지는 듯한 혹독한 원통함이 심하여 거의 보존하지 못할 지경이었다. 이
> 때부터 다시 수라를 들지 못하고 오직 죽을 마시며 나날을 보냈다.
>
> —《순조실록》순조 16년 1월 21일, 혜경궁 지문(誌文)

  1800년 7월 4일, 정조의 뒤를 이어 혜경궁의 손자 순조가 등극했
다. 당시 나이 열한 살이라 아직 정사를 맡을 수 없었다. 왕대비 정순
왕후가 수렴청정에 나섰다.
  정순왕후는 영조가 예순여섯에 새로 맞이한 부인이었다. 그녀의
가문 경주김씨는 당대의 명문으로 혜경궁의 친정 풍산홍씨와는 정치
적 맞수였다. 정순왕후가 영조와 혼례를 올릴 당시 나이가 겨우 열다
섯이었으니 며느리인 혜경궁보다 열 살이나 어렸다. 하지만 왕실의
법도는 엄했다.

정조가 죽고 순조가 즉위하자 대왕대비가 된 정순왕후는 문안 순서를 정비했다.

대전문안의 순서는 대왕대비전, 왕대비전, 혜경궁, 가순궁의 순으로 하라.

—《순조실록》 순조즉위년 8월 7일, 대왕대비 하교

혜경궁을 며느리보다도 낮은 자리에 위치시킨 것이다. 친손자인 순조의 혼례 때도 폐백조차 받을 수 없었다. 자신은 물론, 아들 정조까지 무시하는 행위였다.

흉한 무리는 때를 얻어, 선왕(정조)을 저버리고 어린 임금(순조)을 업신여겨 선왕의 어미를 이리 핍박하였다. —《한중록》

다시 친정에 정치적 탄압이 가해졌다. 정조가 무죄를 선언했던 동생 홍낙임이 또 다시 역적으로 몰린 것이다. 실록은 당시의 정국을 '박격(搏擊)'이라 쓰고 있다. 즉, 정적(政敵)인 풍산홍씨를 처벌하는 경주김씨의 보복전이 시작된 것이다. 아들의 죽음에 이은 가문의 몰락으로 혜경궁은 극도의 절망에 사로잡혔다. 목숨까지 끊으려 했다.

11월에 내가 하고자 했던 일(자결)을 하려고 하였다. 그리고 영춘헌으로 와서 선왕의 자취를 어루만지며 내 신세를 서러워하였다. 하늘을 향해 통곡하다 정신을 잃고 누웠으니 만고에 이런 광경과 정리가 어디 있겠는가.

—《한중록》

그러나 정순왕후는 냉담했다. 오히려 홍낙임이 혜경궁을 충동한다며 그를 제주도에 유배시켰다. 더 이상 두고 볼 수만은 없었던 혜경궁은 정순왕후를 찾아가 호소해보았다. "엄한 교지가 어찌 이와 같습니까? 너무 이리 마십시오." 슬프고 분한 마음이 복받쳤다. 하지만 소용없었다. 순조 1년(1801) 5월 29일, 홍낙임은 결국 사약을 받았다. 동생을 살리지 못했다는 죄책감에 혜경궁은 피를 토하는 심정이었다. 요동치는 운명을 혜경궁은 자신의 탓으로 돌렸다.

> 내 분수에 살아 앉아서 동생을 구하지 못하였으니 나 같은 흉독하고 잘못된 사람이 다시 어디 있겠는가. 하늘아! 하늘아! 나를 이 세상에 머물러 두었다가 동생의 원한을 푸는 모습을 보고 죽게 하실까? 밤낮으로 피눈물을 흘리며 빌 뿐이다. ……마음 놓고 살려고 하여도 살길이 없고, 죽으려 하여도 죽을 수가 없었다. 이것이 다 나의 죄가 무겁고 운수가 흉악해서이다.
>
> —《한중록》

한 자마다 눈물을 흘리며 기록하니

그러나 그대로 손을 놓고 있을 수는 없었다. 정조가 죽은 지 2년, 혜경궁은 다시 붓을 들었다. 《한중록》의 또 다른 판본인 읍혈록, '피눈물의 기록'이라는 제목은 당시 혜경궁의 절박한 상황을 대변한다. 당시 혜경궁이 할 수 있는 일은 없었다. 정순왕후처럼 정치 일선으로 뛰어들 수 있는 입장도 아니었기에, 살아남기 위해서는 집필을 할 수밖에 없었다. 이때에 이르면 글을 쓰는 목적이 확실해진다. 격한 감정도 거침없이 드러낸다.

주상(순조)이 옳고 그름을 가려내 지극한 원한을 풀어주실 날이 있을 줄 안다.

—《한중록》

조혜란 교수는《한중록》에 등장하는 '이렇게 억울한 데가 또 있겠습니까' '이렇게 슬픈 일이 세상에 어디 있겠습니까'와 같은 감정적인 의문형의 문장들이 혜경궁의 견해에 공감하게 만드는 호소력을 담고 있다고 평가한다. 팔순에 가까운 나이, 이제 그녀의 곁엔 아무도 없었다. 사무치는 외로움과 죄책감을 글로 쏟아낼 뿐이었다.

나는 (남편을 섬기는) 열(烈)에도 죄를 짓고, (아버지를 모시는) 효(孝)도 저버린 사람이 되었다. 스스로 그림자를 보아도 얼굴과 등이 뜨거워 밤이면 벽을 두들기며 잠을 이루지 못한 것이 몇 해였는지.

—《한중록》

혜경궁의 친정아버지 홍봉한의 문집.

정조가 죽은 지 3년, 혜경궁의 인생에는 다시 해가 뜨기 시작한다. 순조 3년 (1803) 12월 28일, 정순왕후의 수렴청정이 끝나고 혜경궁의 손자인 순조가 친정을 시작한 것이다. 《한중록》을 통해 할머

왕실 여인들이 사용하던 장신구.
국립고궁박물관 소재.

니의 사연을 알게 된 손자는 그 한을 풀어준다. 순조 8년(1808) 8월
10일, 순조는 먼저 왕명으로 외증조부 홍봉한의 묘에 제사를 지냈다.
그리고 아버지 정조가 편찬했던 홍봉한의 문집《어정홍익정공주고御
定洪翼靖公奏藁》를 발간한다. 또한 억울하게 죽은 홍낙임도 복권시켰
다. 이 모든 일이 혜경궁의 기록《한중록》이 있기에 가능했다.

《한중록》은 혜경궁의 자전적인 이야기였지만 그 기록을 볼 사람을
분명히 의식하고 쓴 글이다. 실제로 정조 이후 모든 국왕들이 이 기
록을 읽었고, 혜경궁이 사망한 지 80년 후《한중록》을 본 고종은 이
렇게 평가했다.

> 혜경궁의《한중만록》은 언문으로 사실을 직접 기록한 것이어서 실로 오늘
> 날의 확증이 되고 있다. ―《승정원일기》고종 36년 7월 17일

 한국사傳 4 | 한 자 마다 눈물을 흘리며 기록하다 ―《한중록》―

고종이 내린
의황후보.

　그리고 고종은 혜경궁의 마지막 한을 풀어준다. 고종 36년(1899), 황제국가에 걸맞게 혜경궁을 의황후(懿皇后)로 책봉하고 옥보를 내린 것이다. 10살에 입궐해 죽을 때까지 71년간 세자빈이었던 혜경궁은 사후 80년 만에 비로소 왕의 부인이 되었다.

　비극의 역사를 견뎌 그것을 기록한 여인, 혜경궁 홍씨. 그녀의 책 《한중록》은, 시대의 약자였지만 역사의 불명예자로 기억되고 싶지 않았던 한 조선 여인의 처절한 삶의 기록이다. 혹자는 혜경궁이 친정 식구들의 정치적 입장을 변호하기 위해《한중만록》을 썼다고 주장하기도 한다. 하지만 분명한 것은 그녀가 왕의 며느리이자, 어머니, 할머니로 궁궐에서 70년을 살았지만 아무런 주도권도 가질 수 없었던 조선의 여인이라는 점이다.

　《한중록》은 정치적 격랑 속에 가족을 하나 둘 떠나보내며 한의 세월을 보낸 한 여인이 죽음에 임박한 순간, 붓을 들어서라도 남기고 싶었던 처절한 삶의 기록이다. 환갑에 지난 세월을 돌아보며 여유롭게 쓰기 시작한 회고록이 피눈물의 기록이 되도록, 혜경궁은 말년까지 평탄한 삶을 살지 못했다. 글은 혈육을 잃고 홀로 남겨진 궁중 여인의 마지막 선택이었던 것이다. 혜경궁은 섬세하면서도 집요한 문장으로 지난 세월을 기록했고, 그 글은 그녀의 사후에도 살아남아 조선시대에 가장 비극적이었던 60년을 증언하고 있다.

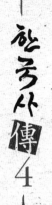

한국사傳 4

10

조선의 마지막 왕조.

정치적 노선이 달랐던 아들과 아버지는

혈육지정을 잊고 경쟁자가 되었다.

그리고 이렇게 대립과 갈등에 모든 것을 소진하는 동안,

조선의 부국강병은 요원한 일이 되어버렸다.

그것은 곧 우리 역사의 비극이었다.

아들과 화해하지 못한 아버지
──흥선대원군

1894

년, 경복궁을 점령한 일본은 조선군을 무장해제시키고 홍선대원군을 앞세워 친일 개화파 정권을 수립한다.

어전에서 고종을 만나게 된 홍선대원군.

일본이 경복궁을 점령한 상태에서 이루어진

기막힌 부자의 만남이었다.

대체 무슨 생각으로 대원군은 일본과 손을 잡고

친일파 내각에 참여한 것일까?

격랑의 한가운데 선 왕과 왕의 아버지

1898년 2월, 흥선대원군(興宣大院君 · 1820~1898)이 세상을 떠났다. 그러나 아들 고종(高宗 · 재위 1863~1907)은 아버지의 마지막 길을 배웅하지 않았다.

> 고종황제는 흥선대원군의 문상을 가지 않기 때문에 많은 비난을 받았다.
>
> —《윤치호일기》1898년 2월 26일

쏟아지는 비난에도 불구하고 고종은 왜 아버지의 죽음을 외면한 걸까? 대체 무엇 때문에, 흥선대원군은 아들과 화해하지 못한 걸까?

흥선대원군 이하응(李昰應)에게 고종은 특별한 아들이었다. 12살 어린 나이의 고종

조선조의 마지막을 이끈 흥선대원군과 고종 부자.

을 왕위에 올려놓은 사람이 바로 흥선대원군이다. 하지만 흥선대원군
이 세상을 떠날 무렵, 아버지와 아들 사이는 돌이킬 수 없을 정도로 벌
어져 있었다.

흔히들 흥선대원군과 고종의 갈등에는 명성황후(明成皇后·1851~
1895)가 주된 원인을 제공했다고 이야기한다. 시아버지와 며느리의
천륜을 저버리는 권력 싸움이 아버지와 아들의 사이까지 멀어지게
했다는 것이다. 하지만 그것이 고종으로 하여금 아버지의 마지막 가
는 길까지 외면하게 만든 중대한 이유였을까?

내 처지가 바로 뿌리를 드러낸 난초와 같다

흥선대원군이 경기도 양주의 직곡산장(直谷山莊, 지금의 의정부시 곧은
골)으로 거처를 옮긴 고종 11년(1874)은 그의 삶에서 큰 시련기였다.
그의 나이 쉰다섯, 정계에서 밀려난 흥선대원군은 시위하듯 이곳으
로 내려왔다. 여전히 난초를 즐겨 그렸지만 예전 같지 않았다.

국립중앙박물관에는 당시 흥선대원군의 정치적 입지를 보여주는
병풍이 보관되어 있다. 여섯 폭의 난초 그림으로 만든 군란도병풍
(1874년)인데, 직곡 시절 흥선대원군의 작품이다. 눈길을 끄는 것은
화폭의 윗부분이다. 뿌리를 드러낸 노근란(露根蘭)이 허공에 그려져
있다. 1870년에 그린 풍성하고 부드러운 대원군의 난초 그림과는 너
무나 대조적이다. 뿌리를 드러낸 거친 필치의 노근란이 직곡 시절의

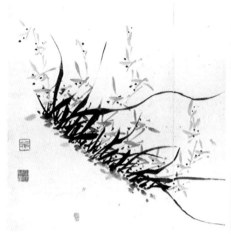

1870년의 대원군의 난 그림과 1874년 직곡에서 그린 노근란.

그림에는 어김없이 그려져 있다.

《흥선대원군 이하응의 예술세계》의 저자 김정숙 박사는 뿌리가 드러난 채로 마치 공중에 떠 있는 듯이 묘사된 노근란은 직곡 시절의 흥선대원군이 정치적 입지를 상실한 자신의 처지를 빗댄 것이라고 설명한다.

흥선대원군에게 위기가 닥친 것은 고종을 대신해 섭정한 지 10년째 되던 해다. 예상치 못한 상소 한 통이 대원군의 정치적 뿌리를 뒤흔드는 파란을 몰고 왔다.

《면암집》에 기록된 최익현의 상소. 대원군 하야의 단초가 되었다.

친친(親親)의 반열에 속한 사람은 다만 지위를 높이고 녹을 많이 주되, 국정(國政)에는 간여하지 말도록 하소서. —《면암집》고종 10년 11월 3일

면암(勉菴) 최익현(崔益鉉 · 1833~1906)이 고종에게 친정을 펼치라고 주문하며, 지난 10년 동안 누구도 거론하지 않았던 흥선대원군의 탄핵을 요구한 것이다. 주진오 상명대 역사콘텐츠학과 교수는 대원군이 고종의 생부였을 뿐, 정치적 지위를 가진 존재는 아니었다고 말한다. 10년 동안 권력을 행사했다 해도 어느 날 왕이 직접 권력을 행사한다고 천명하면 저항할 아무런 법적 근거가 없어 허무하게 물러날 수밖에 없었다는 것이다.

탄핵상소가 올라온 직후, 대원군이 이용하던 궁궐 전용문이 폐쇄됐다. 고종이 직접 국정을 운영하겠다는 친정 선포를 하면서 이루어진 조처였다. 그러나 영남(嶺南) 유생들의 반발이 만만치 않았다. 조선시대에 영남 유생들의 입김은 대단했다. 《택리지擇里志》에는 '조선인재반영남(朝鮮人材半嶺南)'이라는 대목이 나온다. '조선 인재의 반이 영남에서 났다'는 뜻으로, 궐 안에도 영남 출신이 많았다.

안동의 한국국학진흥원이 소장하고 있는 한 문서는 당시 대원군을 지지하던 유생들이 조직적으로 반발한 움직임을 담고 있다. 영남 유생 1만여 명이 대원군의 정계복귀를 촉구하기 위해 만든 '만인소(萬人疏)'의 초안이다. 대원군이 정계에서 밀려나 직곡으로 내려가자, 유

안동 한국국학진흥원이
소장하고 있는 만인소의 초안.

생들이 집단상소로 고종을 압박하고 나선 것이다.

만인소는 영남 유생들이 뜻한 바가 있을 때 자신들의 수적 지위를 이용해 개개인의 서명을 담아 올리던 상소이다. 최초의 만인소는 정조 16년(1792)에 영남 유생 1만 57명이 사도세자의 신원(伸寃)을 위해 올린 상소인데, 이 상소를 계기로 사도세자의 시호를 장헌세자(莊獻世子)로 높이게 된다. 순조 23년(1823)에는 전국의 유생 9,996명이 서얼도 차별 없이 임용할 것을 요청하는 상소를 올렸고, 철종 6년(1855)에는 영남 유생 1만 명이 장헌세자를 왕으로 추존해달라는 소를 올려, 장조(莊祖)로 추존한다.

그리고 이번에는 아버지를 내친 아들에게 부자간의 도리를 지키라는 압력을 넣은 것이다. 박원재 한국국학진흥원 유교문화박물관장은 '아버지를 시골에 두는 것은 도에 맞지 않다' 라는 표면적인 명분 밑에는 대원군의 정치권력을 복권시키라는 요구가 깔려 있다고 해석한다. 공론정치를 중시한 조선사회에서 만여 명의 유생이 연명으로 올리는 만인소는 국왕도 무시할 수 없는 막강한 영향력을 발휘했다.

전하께서 며칠 안으로 행차하셔서 빨리 환차하시길 청함으로써, 위로는 독실히 봉양하는 뜻을 돈독히 하고, 아래로는 간절히 바라는 여론의 기대에 부응하십시오. ─〈만인소〉

보통 만인소의 길이는 약 100미터로, 뜻을 같이하는 사람들의 이름과 서명을 일렬로 기록했다. 영남 유생들은 이 같은 만인소를 세 차례나 올리며 고종의 불효를 질책했다. 유교국가에서 효를 내세운 논

만인소가 펼쳐진 모습. 100미터에 이른다.

만인소에는 뜻을 같이하는 1만여 유생들의 이름과 서명이 빼곡히 적혀 있다.

리 앞에선 아무리 국왕이라 하더라도 무작정 버티긴 어려운 법이었
다. 그러나 고종은 굴복하지 않았다.

> 유생들이 상소한 일에 대해서 이미 지난번에 처분이 있었는데도 또 감히
> 상소를 올렸으니, 이것은 고의로 윗사람을 범한 것이다. …… 상소를 올린
> 자들을 참형에 처하라. —《고종실록》고종 12년 6월 18일

주동자를 참형에 처하라는 지시까지 내리며 강경하게 나왔다. 홍

선대원군이 정계 복귀를 기다리며 양주에서 시위하듯 머문 지 2년. 끝내 아들 고종은 복귀를 허락하지 않았다. 유생들의 봉환 요구에도 불구하고 한 발짝도 물러나지 않은 것이다. 하지만 두 사람의 관계가 처음부터 이렇게 대립적인 것은 아니었다. 홍선대원군과 고종의 사이가 이렇게 벌어진 것은 언제부터였을까?

아버지는 아들의 스승이었다

1863년 12월, 오랫동안 병석에 누워 있던 철종이 후사 없이 승하하자 홍선군은 신정왕후 조씨와 손을 잡고 자신의 둘째아들을 왕위에 올렸다. 신정왕후가 수렴청정에 나섰지만 그 뒤에는 대원군이 있었다.

운현궁(雲峴宮)은 홍선대원군의 사가(私家)이자, 고종이 출생하여 12세에 왕위에 오르기 전까지 성장한 잠저(潛邸)이다. 서울 종로구 운니동 소재. 사적 제257호.

당시 왕실의 권위는 추락할 대로 추락해 있었다. 순조 때부터 시작된 60년간의 세도정치로 조선의 국정은 안동김씨와 풍양조씨의 손에서 좌우됐고, 국정은 곪을 대로 곪아 있었다. 조정 대신들과의 첫 상견례 자리에서 대원군이 던진 일성은 대신들을 충격에 빠뜨렸다.

> 나는 천리를 끌어들여 지척으로 삼고자 하며, 태산을 깎아 평지를 만들고자 하며, 남대문을 높여 삼층으로 만들고자 하오. ─《매천야록梅泉野錄》

태산처럼 비대해진 노론 세도정치를 청산하고 약해진 왕권을 강화하겠다는 선언이었다. 대원군의 선언은 빈말이 아니었다. 가장 먼저 조정의 최대 권력기구로 변질된 비변사를 폐지했다. 비변사는 당시 국왕도 거스르기 어려운 최고 권력기관이자, 외척 세도가문들의 정치적 기반이 되어 있었기 때문에 비변사를 개편하지 않고선 흥선대원군이 생각하는 정치 질서를 꾸려 나갈 수 없었다.

동시에 북인과 남인 계열에 속한 인재들의 명단을 적은 《북보北譜》와 《남보南譜》를 만들었다. 세도정치기간 동안 정치에서 소외됐던 인재를 골고루 등용하기 시작한 것이다. 《매천야록梅泉野

《매천야록》에 기록된 대원군의 담대한 천명.

《북보》와 《남보》.

錄》에는 홍선대원군이 실시한 또 다른 개혁정책이 상세하게 실려 있
다. 정조도 손을 못 댄 서원의 횡포를 근절한 것이다. 교육기관이던
서원은 조선 말기에 백성들을 수탈하는 기구로 변질돼 있었다. 홍선
대원군은 서원철폐를 지시했다. 유생들은 죽음도 불사하겠다며 맞섰
고, 대원군에게는 분서갱유를 단행한 진시황제라는 비난이 쏟아졌다.
하지만 물러서지 않았다.

내 진실로 백성들에게 해가 되는 것이 있으면 비록 공자가 다시 살아난다
하더라도 용서하지 않을 것이다. —《근세조선정감近世朝鮮政鑑》

이때까지만 해도 홍선대원군의 뜻이 고종의 뜻이었다. 백성들의
허리를 휘게 하는 낡은 제도
를 바꾸어나가는 아버지의
정치는 그 자체로 국정운영

당시 이양선(異樣船)이라 불렸던 로저스 함대.

함선의 미군들.

처참하게 죽은 시신들의 모습이 함대에 타고
있던 종군기자의 카메라에 기록되었다.

의 스승이었다. 1871년에 신미양요(辛未洋擾)가 난 직후까지도 고종은 흥선대원군과 뜻을 같이했다.

이 오랑캐들이 화친하려고 하는 것이 무슨 일인지는 알 수 없으나, 수천 년 동안 예의의 나라로 이름난 우리가 어찌 금수 같은 놈들과 화친할 수 있단 말인가? 설사 몇 해 동안 서로 버티더라도 단연 거절하고야 말 것이다. 만 일 화친하자고 말하는 자가 있으면 나라를 팔아먹은 율(律)을 시행하라.

—《고종실록》고종 8년 4월 25일

대원군이 세웠던 척화비. '오랑캐들이 침범하니 싸우지 않으면 화친하는 것이 요, 화친을 주장하는 것은 나라를 팔아 먹는 것이다' 라는 내용을 큰 글자로 새 겨넣었다.

그렇다면 두 사람이 어긋나기 시작한 것은 언제일까? 미국의 로저스(Rodgers) 함대가 무력공격을 개시하며 강화도에 상륙한 고종 8년(1871) 4월, 흥선대원군 은 결사항전을 촉구했다. 조선군은 53명 의 전사자를 내며 로저스 함대와 격전을 벌였고, 고종도 대원군의 쇄국정책을 지지했다. 전국 곳곳에 척화비(斥和碑)를 세 운 대원군은 서양 오랑캐와의 화친이 나 라를 팔아먹는 매국행위라고 규정했다.

종로 거리와 각 도회지에 척화비를 세웠다. 그 비문에, '오랑캐들이 침범하 니 싸우지 않으면 화친하는 것이요, 화친을 주장하는 것은 나라를 팔아먹 는 것이다' 라고 하였다. —《고종실록》고종 8년 4월 25일대원군에 대한 백성들의 지지는 폭발적이었다. 이번에는 유생들이 대원군에게 나라의 큰 어른을 뜻하는 '대로(大老)'라는 극존칭을 부여하자고 청원했고, 고종은 승인했다. 고종 역시 대원군의 정책을 지켜보며 아버지의 정신에 크게 동감하고 있었다. 그러나 신미양요가 일어난 지 1년이 흐르고 청나라에 다녀온 연행사(燕行使)의 보고를 받을 때의 고종은 이전과는 다른 모습이다.

> 고종: 떠날 때 이미 언급한 대로 상세히 사정을 살피고 왔는가?
> 민치상(閔致庠 · 1825~1888): 그러하옵니다. 지난 가을 양인들이 왜인들을 꾀어 와서 중국과 더불어 교역할 것을 요구해 이미 문서로 약속했으며, 장차 교역을 행하게 된다고 합니다.
> 고종: 그렇다면 중국은 장차 왜인들을 어떻게 접대하게 되는가?
>
> —《일성록》고종 9년 4월 4일

의례적인 질문을 하던 때와는 완전히 달랐다. 고종은 국제 정세의 변화에 깊은 관심을 기울였다.

> 왜는 중국에 신하로 복종하지 않는데, 중국은 왜와의 교역을 반대하지 않는가? …… 장차 왜와 중국이 교역을 한다는데, 그게 정말로 사실인가? …… 대국의 민심은 이전에 비하여 어떠한가? …… 공친왕(恭親王)이 서양 오랑캐를 끌어들여 나라를 해치게 한다는데 신하들과 백성들의 민심은 어떠한가? —《일성록》고종 9년 4월 30일

실질을 중시한 아들의 개화정책

고종의 신임을 얻어 외교관으로 활동한 박규수.

고종은 그해 말 박규수를 청나라에 파견했다. 박규수는 연암 박지원의 손자로, 고종이 가장 신임하는 신하였다. 고종은 박규수를 통해 중국이 더 이상 세계 질서의 중심이 아니며, 조선도 고립에서 벗어나야 한다는 생각을 키워갔다. 중국에 기대고 편승하는 방식으로는 고립될 수밖에 없다는 것을 깨달은 것이다.

박규수의 귀국 보고 때, 고종이 특별한 관심을 보인 것은 또 있다. 청나라의 어린 황제가 섭정에서 벗어나 친정을 시작한다는 소식이었다.

> 박규수가 아뢰기를, "내년 정월에 황상(皇上)이 친정(親政)하기를 여론이 매우 희망하고 있는데, 아마도 특별한 정령(政令)이 있을 것입니다" 하였다. ……상(고종)이 이르기를, "황상께서 경연에 부지런하여 여론이 기뻐하고 있던가?" 하니, 박규수가 아뢰기를, "과연 들으니 강학에 부지런하여 여론이 크게 축하하고 있다 하였습니다" 하였다. ─《승정원일기》 고종 9년 12월 26일

어느덧 고종의 나이 스물한 살. 더 이상 섭정할 명분이 없어진 나이였지만, 대원군은 여전히 국정운영권을 놓지 않았다. 그러다 급기야 탄핵 대상이 되고 말았다. 고종 10년(1873) 11월 14일, 최익현이 '호조참판을 사직하고 겸하여 생각한 바를 진달하는 소' (계유상소)를

일본과 강화도조약을 맺은 강화도 진무영(鎭撫營)의 당시 모습.

강화도조약을 맺는
장면을 묘사한 그림.

올렸다. 기나긴 상소의 주제는 결국 고종의 뒤에서 권력을 휘두르는 대원군을 정계에서 은퇴시키라는 것이었다. 대원군이 서원을 없앤 것에 대한 유학자의 반발이기도 했지만, 이 상소는 아버지의 그늘에서 벗어나려 한 고종의 뜻과 맞아 대원군의 10년 권세를 하루아침에 무너뜨렸다.

급변하는 국제 정세에 눈 뜨기 시작한 고종은 친정 선포와 함께 아버지 흥선대원군과는 다른 자신의 길을 걸어가기 시작한다. 하지만

병인양요, 신미양요, 운양호사건을 모두 겪은 인천 강화군의 초지진. 사적 제225호.

포탄의
흔적이 초지진의
노송과 성벽에
남아 있다.

홍선대원군이 정계에서 물러났음에도 불구하고, 두 사람의 서로 다른 생각은 끊임없이 충돌한다.

고종의 친정체제가 시작된 직후, 일본의 국교 재개 요구가 국정현안으로 떠올랐다. 일본의 국서를 접수해야 무력충돌을 피할 수 있다는 고종과 개화파의 주장은 대원군파의 거센 반대에 부딪쳤다. 대원군은 무력을 앞세운 일본의 요구를 받아주면 안 된다는 입장이었다. 정계 은퇴 후에도 대원군의 영향력은 막강했다. 결국 박규수가 대원군 설득에 나섰다.

대원군: 내 거듭 말하지만 일본이 정책을 수정하기 전까지는 서양 국가와

한통속인 일본 측의 국서를 접수해서는 안 될 것이오.

박규수: 만약 저들이 대포 소리를 내기에 이르면, 이후에는 비록 국서를 받

고자 해도 나라를 욕되게 하는 것이니 다시 기회가 없습니다.

―《용호한록龍湖閑錄》

하지만 박규수도 대원군의 마음을 돌려놓지 못했다. 대원군은 무력을 앞세워 화친을 강요하는 외세에 평등하고 주체적인 개방을 요구했으나, 그것은 현실적으로 불가능했다.

고종 13년(1876) 2월 3일, 조선은 대원군이 포대를 설치한 강화도에서 무력을 앞세운 일본과 외교통상조약(韓日修好條約)을 체결한다. 급박하게 돌아가는 국제정세를 고려한 고종이 대원군의 반대를 무릅쓰고 개화정책을 추진한 것이다. 점점 대원군의 뜻과는 멀어져갔지만, 고종은 세계와 교류하며 근대화된 문물을 이용해 부국강병을 이루어야 한다고 판단했다. 통리기무아문(統理機務衙門)은 그러한 고종의 구상을 실현할 국제통상업무 전담기구였다.

실리를 위해 온 힘을 다하는 것이 바로 나라를 다스리는 데 가장 시급한 일

이다. ―《고종실록》고종 21년 6월 15일

해외시찰단을 파견할 때 고종은 개인 사재까지 내놓았다. 무기 제조기술을 배워 올 기술 유학생들을 청나라의 천진기기국(天津機器局)에 보내는 한편, 별기군(別技軍)을 창설해 신식군대로 훈련시켰다. 고

고종이 일본에 파견한 수신사(修信使)들의 모습.

조선 최초의 신식군대인 별기군.

청나라의 병기제조청이었던 천진기기국.

종의 개화정책에 대한 반발도 컸다. 유림들의 위정척사(衛正斥邪) 운동이 이어졌다.

그 무렵, 고종을 제거하려는 역모사건이 발각됐다. 놀랍게도 역모사건의 주동자 이재선(李載先)은 고종의 이복형이었다. 대원군 지지세력들이 유림과 손을 잡고 고종을 폐위시키고 이재선을 왕으로 추대하려다 거사 직전에 내부인의 밀고로 발각된 것이다. 이후 이재선은 대원군의 뜻에 따라 자수하였으며, 다른 관련자들은 대부분 참형되었으나 왕의 형이라 하여 극형을 면하고 제주에 유배되었다가 그후

대신들의 주장으로 사사(賜死)되었다.

당시 유교 지식인들은 개방정책을 대단히 위험한 발상이라고 생각했으며, 자연스럽게 대원군 주변으로 모여들었다. 보수적인 세력을 등에 업은 대원군과 실리를 추구하는 고종의 관계는 이미 어긋날 대로 어긋나 있었다.

그렇다면 흥선대원군이 추구한 부국강병의 길은 무엇이었을까? 군사장비를 기록해놓은《훈국신조군기도설訓局新造軍器圖說》에는 서구열강에 맞설 힘을 키우고자 했던 대원군의 노력이 담겨 있다. 대원군 집권기에 개발된 신무기들도 실

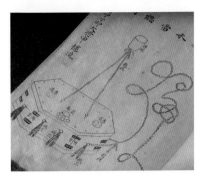
신무기 수뢰포의 설계도.

컴퓨터그래픽으로 재현한 수뢰포의 모습.

려 있는데 그중의 하나가 수뢰포(水雷砲)다. 수뢰포는 수중에 설치하여 적선을 폭파하는 무기인데, 설치하고 일정한 시간이 지나면 내부에 물이 차올라 수압에 의해 작동되는 수중 시한폭탄이다.

그러나 개화파든 대원군파든 자주적인 나라, 부강한 나라를 바라지 않은 사람은 없었을 것이다. 다만 여러 길 중 대원군이 생각한 길은 느리고 더디게 간다 해도 우리 힘으로 해내는 방법이었다. 대원군은 외세의 간섭을 막기 위해선 먼저 우리 손으로 나라의 힘부터 키워야 한다고 생각했다. 고종의 개화정책을 반대하는 세력의 중심엔 늘 흥선대원군이 있었다. 더구나 고종을 퇴위시키려는 역모사건까지 일어나자 아버지와 아들 사이는 돌이킬 수 없는 상태가 되었다.

아버지와 아들의 같은 뜻, 다른 길

그런데 흥선대원군이 정계에서 은퇴한 지 9년째 되던 해, 궁에서 그를 불러들이는 비상사태가 벌어지게 된다. 고종 19년(1882) 6월, 군인들에게 밀린 월급으로 지급한 썩은 쌀이 도화선이 된 것이다. 별기군이 생긴 뒤로 푸대접을 받아온 구식군인들의 분노는 폭동으로 발전했다. 이 난리에는 개항정책에 불만을 품은 백성들까지 가세하면서 심각한 사태로 치달았다. 이른바 임오군란(壬午軍亂)이었다.

임오군란은 흥선대원군을 정계로 복귀시켰다. 사태를 수습할 수 없게 된 고종이 급기야 대원군을 부른 것이다. 6월 10일 아침, 흥선대원군은 그렇게 고종과 마주했다. 9년 만에 이루어진 부자간의 만남이었다. 고종은 사태 해결을 부탁하며 흥선대원군에게 정권을 넘겨준다.

연갑수 서울역사박물관 학예연구부장은 "반란군들이 정치적 대안자는 흥선대원군밖에 없다고 판단해 그에게 몰려갔을 것이고, 그 폭동을 수습할 수 있는 사람 역시 흥선대원군밖에 없었을 것"이라고 분석한다. 대원군의 조치는 파격적이었다. 물가상승의 원인이 된 화폐 발행을 중단시키는 등 먼저 불안한 민생경제부터 바로잡아나갔다. 그리고 5군영과 3군부를 부활시키고 고종의 핵심 개화정책 기구인 통리기무아문을 폐지하여 모든 것을 옛 제도로 되돌려놓았다. 고종은 힘겹게 추진해온 개화정책을 부정하는 대원군을 지켜볼 수밖에 없는 처지였다.

기무아문을 혁파하고 3군부라고 칭하라. —《고종실록》 고종 19년 6월 10일

하지만 홍선대원군의 집권은
그리 오래가지 않았다. 정국수습
에 나선 지 33일째 되던 날, 대원
군은 청나라 군대에 납치되어 누
구에게도 알리지 못한 채 중국의
천진(天津, 톈진)으로 끌려갔다.
대원군이 그대로 권력을 잡았다

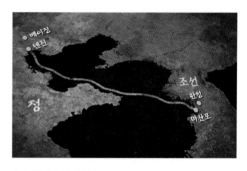

홍선대원군이 납치된 경로.

가는 개항 이후 긴밀한 협조관계 속에서
문호개방을 하고 있던 조선 정부의 동도서
기(東道西器)적인 정책이 물거품이 될까 봐
청나라가 벌인 일이었다.

천진으로 납치된 대원군의 처지를 확인
할 수 있는 문서자료가 남아 있다. 3.5미
터 길이의 중국제 두루마리에 쓰인 〈체진
비망록(滯津備忘錄)〉이다. 이 글은 천진에 억

홍선대원군이 천진에서 기록한 〈체진
비망록〉. 가는 길에 배멀미를 심하게
했다는 내용이 있다.

류되어 있을 때 일기 형식으로 쓴 대원군의 친필원고다. 천진 억류생
활은 눈물로 시작됐다.

도착했을 때 나는 배 멀미로 혀가 빠져나와 말려들고 힘이 없어 앉지도 먹
지도 못했다. 약은 고사하고 한 모금 물을 주는 이가 없었다. 서러워 흐느
끼니 눈물이 쏟아졌다. —〈체진비망록〉 1882년 7월 19일

비망록에는 당시 청나라의 실력자였던 리훙장(李鴻章 · 1823~1901) 이 대원군을 심문하는 과정도 적혀 있다.

리훙장: 6월 초 9일 저녁의 민란은 누가 일으켰습니까?

대원군: 백성들과 군인인 것 같소.

리훙장: 결국 누가 우두머리입니까? 합하는 알고 계시지 않습니까?

대원군: 10년간 물러나 산장에 있으면서 공사(公事)에 관여하지 않았소.
9일 저녁에 비로소 들었고, 또 국왕께서 급히 불러 입성했소.

— 〈채진비망록〉 1882년 7월 21일

청나라의 대원군 납치는 고종이 영선사(領選使)로 파견했던 김윤식 (金允植 · 1835~1922)과 어윤중(魚允中 · 1848~1896)의 정보제공으로 이 루어진 것이었다. 조선의 모든 문제의 원인은 대원군이므로 그를 영 구히 가두어달라고 부탁한 것이다. 그리고 그 길로 대원군은 천진에 억류됐다.

그렇다면 대원군의 억류 사실을 통고받은 고종은 어떤 조치를 취 했을까? 청나라의 외교문서집에는 고종이 대원군의 송환을 요구하 는 사절단을 여러 번 보낸 것으로 나온다. 그런데 사절단이 나눈 대 화를 기록한 문서엔 이상한 대목이 있다.

리훙장: 국왕이 대원군을 위해 귀국을 요청했는데 과연 진정에서 우러러
나온 것인가?

조영하: 국왕께서 대원군의 귀국을 요청한 것은 실로 사사로운 정리의 번

민에서 나온 것이오.

—《청계중일한관계사료집》

　고종은 아버지가 돌아오면 다시 자신을 몰아낼 수도 있다는 정치
적 압박 때문에 그의 귀국이 달갑지 않았다. 대원군이 청나라에 억류
된 지 23일째 접어든 8월 5일, 이번에는 고종이 아버지 흥선대원군이
추진하던 정책과 제도를 폐지하고, 대원군의 쇄국정책을 상징하는
전국의 척화비를 모두 제거했다.

　　상대쪽에서 화의를 가지고 왔는데 우리 쪽에서 싸움으로 대한다면 천하가
　　장차 우리를 어떤 나라라고 할지를 어찌하여 생각하지 않는단 말인가?
　　……이미 서양과 수호를 맺은 이상 서울과 지방에 세워놓은 척양에 관한
　　비문들은 시대가 달라졌으니 모두 뽑아
　　버리도록 하라. —《고종실록》고종 19년 8월 5일

　쇄국과 개화의 갈림길에서, 서로 다른
노선을 선택한 아버지와 아들은 사사건
건 충돌했다. 흥선대원군과 고종의 정책
은 임오군란을 통해 다시 한 번 극명하
게 드러났다. 청나라에 납치된 흥선대원
군은 조선으로 돌아가고 싶어도 돌아갈
수 없는 처지였다. 더 이상 서슬 퍼런 예
전의 대원군이 아니라, 단지 말이 통하

1882년 8월 17일, 천진 억류 시절에 찍은
흥선대원군의 사진. 서울역사박물관 소장.

는 내 나라 내 조국으로 돌아가고 싶은 평범한 노인이었다.

> 사람의 그림자도 없다. 오직 마음 붙일 사람이라고는 문 지키는 사병밖에
> 없는데, 불러도 대답이 없고 말을 해도 알아들 수가 없다.
>
> —《해진비망록》 1882년 7월 19일

돌이킬 수 없이 치달은 두 사람의 힘겨루기

임오군란은 흥선대원군이 청나라에 납치되는 것으로 끝나지 않았다. 일본과 청나라 등이 한반도에 영향력을 행사하며 직접적으로 개입하는 계기가 되었다. 그리고 흥선대원군의 귀국과 함께 아버지와 아들의 갈등관계도 급기야 외세에 의해 왜곡되기 시작한다.

《고종실록》에는 임오군란 직후에 마련한, 대원군을 받드는 특별규정이 실려 있다. 이른바 '대원군 존봉의절(尊奉儀節)'이다. 대원군이 타고 다닐 가마의 종류부터 흉배의 무늬에 이르기까지, 얼핏 보면 너무나 사소해 보이는 규정이다. 하지만 청나라에 억류됐던 흥선대원군이 운현궁으로 돌아온 1885년 8월 이후, 이 규정은 예상치 못한 위력을 발휘한다.

3년 1개월만에 귀국한 흥선대원군은 예전과는 달라져 있었다. 쇄국을 주장하던 그가 주한 외교사절단을 연이어 초대한다. 그런데 그로부터 불과 며칠 뒤, 운현궁 대문을 밖에서 걸어 잠그는 차단봉이 설

치됐다. 대원군 존봉의절 규정에 운현궁 출입에 관한 새로운 조항이 추가된 것이다. 대문 밖에는 관원을 배치시켜 고종의 허락 없이는 외부인이 대원군을 만날 수 없도록 통제했다. 대원군이 귀국하자마자 이루어진 가택연금으로, 붐비던 운현궁은 인적이 끊겼다.

《매천야록》에는 이 시기 대원군을 암살하려는 자객이 운현궁으로 침입하고, 원인조차 알 수 없는 폭발사고가 발생했다고 실려 있다. 대체 무엇 때문에 대원군은 그토록 가혹한 처지에 놓인 걸까? 한마디로 대원군이 돌아온 것이 고종에게는 재앙이었던 셈이다. 청나라의 내정간섭이 심해지자 고종은 러시아와의 외교관계를 강화해 조선의 독립을 유지하려 했다. 그런데 이를 눈치 챈 청나라가 고종을 견제하기 위해 대원군을 귀국시킨 것이다.

> 저들(중국)이 비록 우리와 마음을 함께하고 힘을 합치자고 하지만 어찌 믿을 수 있겠는가? 우리도 부국강병책을 시행하는 것이 필요할 따름이다.
>
> —《승정원일기》고종 19년 2월 17일

심지어 조선에 주둔하고 있던 위안스카이(袁世凱 · 1859~1916)는 고종 폐위를 거론했다. 《리훙장의 문집》에는 당시 위안스카이가 리훙장에게 고종 폐위를 요청하며 보냈던 편지 내용이 실려 있다.

고종을 폐위시키고 이씨 중에 현명

중국의 군인이자 정치가였던 위안스카이. 신해혁명 때 청나라 조정의 실권을 잡았다.

한 사람을 왕으로 옹립했으면 합니다. 이러한 취지를 이하응에게 전하고 서로 돕는다면 어렵지 않을 것입니다. ─《리훙장의 문집》

　　홍선대원군의 귀국과 함께 조선의 운명은 걷잡을 수 없는 국면으로 치달았다. 동학농민군을 진압한다는 명분으로 출동한 청나라군과 일본군이 조선 땅에서 대치했다. 그리고 고종 31년(1894) 7월 23일 새벽, 일본군이 경복궁을 점령하는 사건이 일어났다. 일본은 조선군을 무장해제시킨 뒤, 친일개화파 정권을 수립하고 홍선대원군을 끌어들였다. 일본군이 조선의 심장을 점령한 상태에서 홍선대원군과 고종의 기막힌 만남이 이루어졌다.

1869년에 이한철이 그린 〈홍선대원군 이하응 초상〉(와룡관학창의본). "나는 경진년에 태어났는데 기사년에 초상화를 그리게 하니 그때 내 나이 50세이다"라는 홍선대원군의 친필이 들어가 있다. 서울역사박물관 소장, 보물 제1499호.

이제부터 일체의 모든 정사를 대원군에게 품결토록 하라. ……본국의 해군과 육군의 사무를 대원군에게 품결토록 하라.

─《고종실록》 고종 31년 7월 24일

　　홍선대원군은 대체 무슨 생각으로 일본과 손을 잡고 친일개화파 내각에 참여한 걸까? 주진오 교수는 "그가 생각한 것은 어디까지나 왕권이 주도하는 나라지, 개화파 관료들이 주도하는 나라가 아니었다. 그리고 일본이 주도

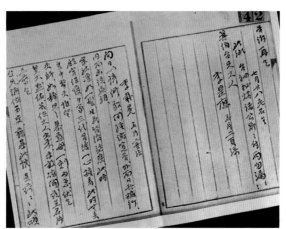
흥선대원군이
청나라군에 보낸 편지.
친필 서명이 있다.

하는 나라도 아니었다. 자신이 다
시 입궐해서 권력을 장악할 수만
있다면 바람직한 방향으로 끌고
나갈 수 있다고 생각한 것"이라고
분석한다.

당시 주한일본공사관 문서집에
는 대원군이 평양에 주둔하고 있

흥선대원군이 동학군에게 보낸 밀지.

던 청나라군에 지원군 파병을 요청하는 밀서를 보낸 것이 실려 있다.

> 엎드려 바라옵건대, 많은 원병을 보내시어 우리를 보호해주시고, 일본에
> 붙어 매국하는 무리들을 제거해주시기를 피눈물로 기원합니다.
>
> — 청나라에 보낸 대원군의 밀서

그뿐만이 아니다. 동학농민군에게도 밀서를 보낸 것이 확인됐다.

대원군은 청나라 군대를 남하하게 하고 동학군을 북상시켜 경복궁을 점령한 일본군을 몰아내고 정권을 되찾겠다는 계획을 세웠던 것이다. 실제로 중앙의 대원군파는 친일내각 인사들에 대한 암살에 나서기도 했다.

흥선대원군의 손자 이준용.

흥선대원군의 거사계획은 일본군 축출에서 끝나지 않았다. 당시 역모사건 판결문에는 이준용(李埈鎔 · 1870~ 1917)의 이름이 등장한다. 왕위찬탈 음모로 기소된 이준용은 놀랍게도 흥선대원군의 손자다. 실록에도 이준용이 역모죄로 체포돼, 종신형을 선고받았다가 감형된 기록이 있다.

그렇다면 대원군은 고종을 끌어내리고 손자 이준용을 왕으로 세우려 한 것일까? 주진오 교수는 대원군이 '고종이야말로 나라를 망친 주범'이라고 판단했다고 설명한다. 고종이 망쳐놓은 나라를 자신이 다시 바로 세우겠다고 생각했다는 것이다.

미치광이가 돼서라도 아들을 만나리라

그러나 대원군의 모든 계획은 수포로 끝났다. 오히려 일본에 이용당함으로써 아들 고종과는 돌이킬 수 없는 사이가 됐다. 흥선대원군은 명성황후 시해사건의 누명까지 쓴 채 운현궁에 유폐됐다. 이 시기 대원군의 모습을 생생하게 전하는 《뮈텔 주교 일기》가 발견됐다. 뮈텔 주교 (Gustave Charles Marie Mutel · 1854~1933)는 프랑스 선교사로 한국에서 50년 동안 활동하면서, 조선 왕실 안에서 정치적인 역할도 담당했다.

《뮈텔 주교 일기》에 실린 흥선대원군에 대한 내용.

> 최근 대원군이 그의 아들인 국왕과 화해를 하기 위해 나에게 중재를 해달라고 요청해왔으나 나는 이 제안을 거절했다.
>
> —《뮈텔 주교 일기》 1897년 3월 8일

뮈텔 주교의 1897년 7월 그믐날 일기에는 대원군이 고종을 얼마나 애타게 만나려 했는지 적혀 있었다.

> 대원군이 또 미치광이 같은 짓을 했다. 집 주위에 근무하던 포졸을 때려 포승에 묶여 끌려갔다. 거기

뮈텔 주교는 조불(朝佛)수호통상조약 체결 때 신교의 자유를 허용하는 항목을 넣는 데 힘썼으며, 한국에서 활동한 50년 동안 한국 천주교회의 토착화와 현대화에 공헌하였다.

흥선대원군묘. 경기도 남양주시 소재, 경기기념물 제48호.

서 대원군은 대궐로 가서 왕을 만나는 데 성공했다. 아마도 그것이 그가 바
랐던 전부였을 것이다.

—《뮈텔 주교 일기》 1897년 7월 31일

고종 35년(1898) 2월 22일, 흥선대원군은 일흔아홉의 나이로 눈을
감았다. 죽음 앞에서라도 아들과 화해하려 했지만 끝내 이루지 못했
다. 흥선대원군은 부국강병의 꿈도, 아들 고종도 잃고 한 줌 흙으로
돌아갔다.

흥선대원군과 고종이 살다 간 19세기 조선은 마치 뜨거운 불과 차
디찬 물이 만나는 것과 같은 거대한 전환기였다. 두 사람이 이루고자
하는 목표는 다르지 않았다. 아버지 흥선대원군도 아들 고종도 서구
열강의 침략 앞에 위기의 조선을 다시 일으켜세워 부국강병의 꿈을
이루고자 했다. 하지만 타협할 줄 몰랐던 흥선대원군은 결국 아들과

대립하며 갈등하는 사이, 그토록 이루고자 했던 부국강병의 길을 놓쳐버렸다.

어쩌면 흥선대원군의 비극은 아들의 능력을 믿지 못함으로써, 아들이 해야 할 국왕의 정치를 대신하려 한 데서 비롯된 것은 아닐까? 그리고 그것은 우리 역사의 비극이기도 했다.

한국사傳 4

초판   1쇄 발행 _ 2008년 12월 19일
          3쇄 발행 _ 2009년 9월 11일

지은이 KBS 한국사傳 제작팀
펴낸이 이기섭
편집주간 김수영
기획편집 김윤희 조사라
마케팅 조재성 성기준 한성진
관리   김미란 한아름

펴낸곳 한겨레출판(주)
등록   2006년 1월 4일 제313-2006-00003호
주소   121-750 서울시 마포구 공덕동 116-25 한겨레신문사 4층
전화   마케팅 6383-1602~4 기획편집 6383-1607~9
팩시밀리 6383-1610
홈페이지 www.hanibook.co.kr
전자우편 book@hanibook.co.kr

● 값은 표지에 있습니다.
● 이 책 내용의 일부 또는 전부를 재사용하려면
   반드시 저작권자와 한겨레출판(주) 양측의 동의를 얻어야 합니다.

ISBN 978-89-8431-297-5 03900